CENT CHANSONS

FÉLIX LECLERC

CENT CHANSONS

texte des chansons précédé d'une interview
par M. Jean Dufour et suivi d'une étude
par Mme Marie-José Chauvin

BIBLIOTHÈQUE CANADIENNE-FRANÇAISE
FIDES ■ 245 est, bd Dorchester ■ MONTRÉAL

En page de couverture:
Une huile de Michelle Thériault.

PROPOS EN CONTREPOINT

recueillis par Jean DUFOUR

ENCORE FÉLIX LECLERC
Oui, encore...

Depuis *Moi, mes souliers*, le personnage a bien enrichi la chronique. Les mouvements de son existence se confondent souvent avec ceux de son œuvre et chacun de trouver matière à sa curiosité, et chacun d'ajouter une empreinte de familiarité à la légende...

LECLERC de face et de profil, de dos pour les médiocres, LECLERC ou plutôt l'écorce de FÉLIX LECLERC où se gravent l'amour, la détresse, l'espérance, la fureur, la banalité aussi. Seulement l'écorce de ce géant que nous imaginons avant de l'approcher, de le comprendre, d'écouter les pulsations de son cœur, le désarroi de son âme...

Donc, nous avons essayé de donner à ce livre un éclairage familier... le vôtre peut-être. Mais les pages ne tournent pas d'elles-mêmes. Il leur faut déjà votre attention, un regard pur.

Par la voix de FÉLIX LECLERC, et pour ceux qui croient le connaître, les visages d'autrefois refleurissent. C'est vous la Mère, et vous aussi Nérée, Léo,

Fidor, qui offrez vos images à la méditation, c'est encore vous qui jalonnez la trace du voyage intérieur. C'est enfin vous qui, loin du tumulte et du temps, guidez les pas d'un être qui lasserait les ans à force de jeunesse, un homme en marche: FÉLIX LECLERC.

INTERVIEW

Je suis le sixième d'une famille de onze enfants nés à La Tuque, un petit village de montagne, dans les Laurentides. C'est un pays de montagnes, au bord de la rivière Saint-Maurice.

Mon père était un commerçant de foin, de grains, de bois et, en hiver, une douzaine de draveurs et de bûcherons logeaient chez nous. C'était une grande maison de trois étages, en bois. Aux soirs d'hiver, les bûcherons engagés par mon père affûtaient leurs haches ou leurs scies, leurs outils de travail et Schubert jouait dans le salon, en haut...

Dans la maison, il y avait des instruments de musique: violon, violoncelle, piano, guitare. Ma mère était un peu musicienne, un peu pianiste, et ma sœur aînée jouait du piano. J'avais une autre sœur qui était violoncelliste.

Comme on avait des instruments de musique dans la maison, on pensait que c'était comme ça, dans toutes les maisons du monde. On chantait tous les soirs chez nous. Ma sœur aînée, qui est morte assez jeune, très tôt même, passait son temps au piano. Elle y était tous les soirs, tous les enfants se réunissaient autour du piano, puis on chantait...

J'ai connu très tôt cette espèce de contraste brutal entre la musique et... des hommes peu instruits, gens de forêts, hommes des bois; le mélange a fait un équilibre.

J'ai eu quatorze ans, je suis parti...

Je suis parti pour un collège qui était très, très loin. Et j'avais le goût de la musique. Je n'ai appris tout ça que par ma mère, sans apprendre les notes, seulement à l'oreille. Schubert, on l'a connu très tôt...

Lorsque je suis parti pour le collège, j'avais, je me souviens, une guitare et un banjo. Toujours un instrument avec moi. J'aimais ça, et, avec quelques amis, on commençait à trouver des accords, une image, un oiseau, un cri quelconque à imiter...

Ensuite j'ai passé six ans au collège, plus de théorie, plus de livres, fini...

J'étais seul avec mon poste de radio, à Québec, et j'ai commencé sérieusement, enfin... sérieusement... Je voulais finir une chanson pour voir ce que ça donnerait. J'essayais de m'exprimer. Je me disais: ça ne coûte pas cher. Un bout de papier, un crayon et une vieille guitare achetée à tempérament. Et puis, j'ai commencé. *Notre sentier* est né de là.

Celle-là terminée, j'ai dit: « Je vais essayer d'en trouver d'autres ». Il en traînait partout dans les rues de Québec, sur les feuilles mortes, dans les tourbillons de neige, dans les bateaux en partance pour l'Europe. Comme un voleur, je les ramassai et, sous les combles de la pension où j'habitais, je leur donnai vie, et ainsi j'ai vu dans ma chambre marcher mes premiers fantômes. De là ce goût de me faire prendre par la main et de les suivre à la course dans la nuit, sur les toits du vieux Québec.

Q. — C'est là, peut-être que vous avez rencontré le mystérieux U 13 ?

R. — En effet à vingt-quatre ans, j'étais le bandit le plus recherché de l'univers (à la radio). Le F.B.I. et toutes les polices du monde, y compris la police montée, claquaient des dents en disant mon nom: U 13.

Trois meurtres par semaine, en moyenne. Trains qui déraillent, ponts qui sautent, rivières empoisonnées, femmes folles dans les rues, la nuit... Etats-majors aux aguets, criminalistes devenus fous. Où est le mal ? Qui est le mal ?: c'était moi, U 13.

Naïf, candide, pauvre et doux, j'ai finalement dit à l'auteur du roman-feuilleton (devenu depuis un de mes bons amis): « Assez, je veux me laver et partir en vacances ! » J'ai eu congé après six mois d'épouvante alimentaire, la terreur a quitté les ondes et le Québec est rentré dans le calme.

Quand je suis venu en France, vers 1950, seize ans plus tard, je ne sais combien j'avais composé de chansons, mais vingt-cinq sans doute, *Moi, mes souliers, Mac Pherson, Hymne au printemps, Le Petit Soulier rose, Francis, Bozo...*

LE PRÉTEXTE D'UNE GUITARE

Un matin, je reçois un coup de téléphone d'un de mes amis à Montréal, qui me dit: « Un Français veut te voir ». J'étais à la pêche sur le lac, — car j'habite au bord d'un lac — et ça ne me tentait pas du tout d'aller là-bas. Mais il a insisté. Je suis entré dans son poste de radio et je n'ai pas vu de Français, je n'ai vu personne. Il ne voulait pas me présenter tout de suite pour ne pas me gêner. Puis j'ai accordé la guitare, et au signal d'une petite lumière rouge j'ai chanté six ou sept minutes, la porte s'est ouverte et j'ai vu Monsieur Canetti pour la première fois de ma vie. Il était onze heures. Il m'a dit: « Je prends l'avion à sept heures ce soir, soyez à quatre heures à mon hôtel cet après-midi et, si vous voulez, je vous remettrai un contrat de cinq ans avec la maison Polydor. »

Ça m'amusait un peu. J'ai dit: « Quand même, qu'est-ce qu'il peut trouver là-dedans ! » Puis il a donné des instructions à l'ingénieur du son pour qu'il enregistre tout ce qui me passait par la tête, tout ce qui était fini. Je n'avais jamais enregistré, jamais chanté, et j'ai fait ça. Je suis revenu avec le paquet de « souples » [1].

« Ça vous intéresserait de venir à Paris ? » J'ai dit: « Peut-être », et « vous me le demandez maintenant, ça me surprend un peu, je ne sais pas... ». Mais, dans ma tête, j'ai pensé « toucher le sol de France avec, pour prétexte, une guitare... » Ça me plaisait beaucoup, et « ça sera juste un aller et retour, vingt-quatre heures pour m'y rendre, vingt-quatre heures pour me faire descendre, vingt-quatre heures pour re-

---

1. Gravure d'essai, de travail, précédant le pressage des enregistrements.

venir... » Je suis donc parti sans bagages, sans rien et je suis arrivé dans le mois de décembre, après quelques correspondances. J'ai commencé le 22 décembre avec les Compagnons de la Chanson que j'avais rencontrés un jour là-bas et qui nous avaient émerveillés.

Me voilà avec eux à l'A.B.C.
L'A.B.C., je croyais que c'était un tout petit endroit pour apprendre, pour commencer.

C'était bien naïf, mais plein de bon sens quand même, car ça aurait pu être...

Je me suis rendu compte que c'était plus qu'un endroit pour commencer. C'en était un pour continuer et quelquefois pour finir; ce qui en bon français s'appelle un Music-Hall.

Q. — Quel souvenir avez-vous gardé de ce « passage de la ligne » ?

R. — Loges, sonnette, habilleuse, acrobates, resquilleurs, chasseurs d'autographes. Le va-et-vient des trois étages, dans l'escalier de fer, au-dessus des coulisses, et la permanente présence de ce cynique Monsieur qui, sous divers masques, s'appelle le Trac.

Rire exagéré, moiteur aux mains, sueurs froides, faux recueillement, colère, angoisse en regardant l'horloge et ses tic-tac comme coups de marteau...

Assis sur la petite chaise dure, attendant mon tour, guitare debout entre mes pieds, je les ai tous vus défiler, l'un après l'autre, les numéros de la première partie, dont j'étais. Engagé pour six semaines, je suis resté trois ans dont quatorze mois aux Trois Baudets avec Monsieur Canetti, puis, des tournées.

En 1951, nous sommes en tournée avec tout le groupe des Trois Baudets. Il y a Bourdin, Marcel Griset à la trompette, enfin tous les musiciens, tout le monde. Il est quatre heures de l'après-midi, sur la place du Marché, dans une ville de Bretagne, je crois.

Au restaurant, nous allons quitter la table et sauter dans le car pour aller à la salle et voilà un garçon, un petit bonhomme de neuf, dix ans, je pense, qui vient à moi et je me demande pourquoi vers moi plus que vers un autre. Il me dit: « Monsieur, je peux avoir un autographe ? — Oui, bien sûr ! Tu sais à qui tu parles ? » (J'étais convaincu qu'il ne me connaissait pas.) « Oh, oui, oui. — Et comment tu t'appelles ? » Et je commence à écrire un petit mot; mais j'avais envie de faire des blagues avec lui et je dis: « Tu es sérieux ? Tu connais mes chansons ? — Mais, certainement. »

Je le revois, les bras croisés, comme devant le professeur, il répondait avec aplomb. J'ai dit: « Quelle chanson sais-tu ? — Bah, je sais *Bozo*. — Bien t'es pas mal fort. »

Le corps bien droit, avec une belle voix d'alto, il commence à chanter Bozo. Le silence se fait. Un ou deux musiciens disparaissent sur la pointe des pieds, puis, j'entends une flûte, puis une guitare et tous les musiciens qui étaient allés chercher leurs instruments et improvisaient, avec l'enfant, finissant Bozo en apothéose.

Q. — L'avez-vous revu ce gosse ?

R. — Il m'a renvoyé sa photo, plusieurs années après. C'était un jeune homme. Je pense qu'il faisait son service militaire. Je ne me souviens plus de son nom, mais du décor, de la situation, de l'après-midi. Je me souviendrai de ça longtemps, des musiciens aussi, c'est un beau souvenir.

Q. — Selon vous, Félix Leclerc qu'est-ce que la chanson peut apporter aux hommes ? De quelle manière peut-elle contribuer à leur existence, ou à leur bonheur, si vous voulez ?

R. — La chanson c'est comme le pain. On peut se priver de pain peut-être, mais pas longtemps. Il y a toujours eu des chansons. Il y a toujours un homme qui chante, qui sifflote. C'est nécessaire. Que ce soit des malheurs... écoutez le folklore juif, russe... dans tous les folklores, il y a une plainte, il y a un appel, un désir, une blessure, une marque, mais il y a une vie. Faut que ça marche quand même. La chanson, c'est le battement du cœur des hommes.

Quant au Jazz, au Negro Spiritual, c'est aussi né de la souffrance, du sang. La chanson, c'est du pain. On peut s'en priver mais pas longtemps. Les mauvaises périodes, la tragédie, le sang, la guerre, les ruines, elle en aura la couleur, car c'est un témoin, la chanson. Pendant les périodes plus heureuses, elle sera plus légère, elle changera de ton, elle deviendra peut-être banale.

Ne soyez pas heureux seulement les jours où il ne se passe rien. Le chant est aussi la profondeur, écoutez les chants grégoriens, les messes, les appels, les psaumes... Elle existe partout, que ce soit dans un monastère ou au fond d'une cave, chez les maudits ou chez les élus, il y a un murmure, il se passe quelque chose. C'est un besoin, c'est du pain, je pense. C'est nécessaire à l'équilibre du corps et de la pensée. A mon avis, il y a une pirouette, un sifflet, une chanson. C'est spontané, la chanson. Ça naît et... hop !

Q. — On a souvent dit que vous ne faites aucune concession au public et que vous écrivez d'abord pour vous, pour le plaisir. Comment vous situez-vous par rapport au public ?

R. — Il m'a fallu longtemps pour comprendre. Plusieurs années. Je suis lent pour comprendre certaines choses.

Le public... les gens se déplacent, viennent nous voir, font un effort. Pourquoi ne pas être gentil avec eux ? Ils ont pris l'autobus, ils ont mis une belle chemise, une cravate, comme pour la fête. Pour eux, il faut être en forme, donner sa plus belle mesure, parce qu'ils viennent pour ça, ils viennent chercher quelque chose. Donc, c'est important. Et c'est eux qui nous ont, à la longue. Ils m'ont fait comprendre que c'est important. Autrefois, je quittais la scène en pensant: « Ah, si ça pouvait finir, quel métier, qu'est-ce que je fais là ! » Mais avec les années, ça a changé. Moi j'ai commencé en 1948-1950 et quand je suis revenu, en 1953, ce sont les jeunes qui m'ont accueilli. Mais, depuis 1950, on voit les pères et mères de ces jeunes-là qui, à leur tour, prennent place et viennent voir.

Q. — En somme, votre public s'étale sur trois générations ?

R. — Ouais... mais; chez nous, ce sont les vieux qui découvrent. « Où vont nos fils et nos filles depuis cinq ans ? Les chansonniers qu'est-ce que c'est ? Dans ces lieux de perdition !... On va aller voir. » Ils viennent et ils découvrent. C'est ainsi que ça a commencé au Canada.

Q. — Qu'attendez-vous des gens qui écoutent vos chansons ou qui vous écoutent chanter ?

R. — J'attends qu'ils suivent. Qu'ils ne regrettent pas de s'être déplacés. Qu'ils arrivent en retard, ben ! je ne suis pas déçu. Je n'apprends peut-être plus beaucoup, mais ça confirme certaines pensées qui dorment en moi. J'ai desserré les poings: je chante peut-être avec le sentiment d'améliorer les choses. Je ne sais pas. Et ils peuvent se reconnaître dans mes chansons, dans mes histoires. « Tiens, ça, c'est moi ! » Ils sont héros, le bonhomme ou la bonne femme qui passent par là. Pourquoi ne pas chanter pour quatre personnes, ou deux parfois ? Quand je dis « je chante pour moi seul », ce n'est peut-être pas vrai. Il y en a un ou deux dans la salle, celui qu'on ne connaît pas, entrevu dans la coulisse; un homme...

A Québec, il y avait un homme gros et fort qui venait écouter mon tour de chant... Il était dans la coulisse et il disait: « Il faut que je parte à telle heure. » Et il griffonnait des feuilles usées, usées, usées... toutes les paroles des chansons. Parfois, il venait voir s'il n'y en avait pas de nouvelles. Un jour, je lui ai demandé: « Qu'est-ce que vous faites, vous ? » Il m'a répondu: « Je soigne les agités dans un hôpital ! » Pendant la nuit, il allait faire des piqûres; c'était dur et il faisait ça pour gagner sa vie. Il m'a dit: « Vos chansons m'aident. Elles m'accompagnent dans mon travail. Dans ce monde atroce, ça me fait penser que je suis un homme ! Je suis réconcilié quand même avec certaines erreurs de la nature... ou des difficultés... » Bien sûr, mes chansons l'aidaient, mais il m'a fait un plaisir... De temps en temps un pareil témoignage nous stimule pour longtemps.

Enfin, c'est pour lui, c'est pour des hommes comme lui et surtout pour l'inconnu qui ne vient pas discuter après, par gêne, et s'en retourne, heureux, content. Donc, on dit qu'on a fait un peu de bien, et je crois que c'est vrai.

J'ai compris ça depuis quelques années. Je suis plus à l'aise aussi sur scène, plus détendu... A la fin, le public se met de notre côté. Il voit que c'est un travail de vingt-cinq ans, d'un coup, en une heure ou deux sur scène.

Et le public, lui, m'apporte quelque chose. C'est un échange au fond. Il y a d'autres façons de dialoguer, mais la petite chanson, que je fais, moi, c'est d'abord la parole, sans message, ni rien, on n'est pas allé voir le Saint-Esprit. Je dis: « Voilà ce que je pense, voilà comment je le vois. Cette petite histoire-là peut dérider, peut amuser, faire rêver peut-être... » Ah, quelle tristesse de dire que l'artiste est un malade, un être à part. De toute façon, un fou peut changer d'idées. Il a, lui aussi, une loi, qui est de vivre.

Bruxelles: Une heure avant le spectacle, comme j'entre dans la salle, un homme sort de derrière un pilier, un papier à la main. « Votre autographe, s'il vous plaît? Je rentre chez moi tout de suite, mais j'offre votre récital à ma femme et je garderai les enfants... »

Q. — Dans *Le Chant de la Création*, à travers ce très beau texte de saint François d'Assise, — l'un des rares « auteurs » étrangers que vous ayez adaptés —, on voit ressurgir des éléments naturels: l'eau, le soleil, le feu, qui donnent l'impression d'être une inspiration profonde et commune à la plupart de vos œuvres.

R. — Oui, il y a deux raisons essentielles.

La première: je vis dans un des rares pays du monde où il n'est pas besoin de déménager. Les saisons nous visitent, tous les trois ou quatre mois.

L'hiver, nous avons douze pieds de neige et vingt degrés Farenheit au-dessous de zéro. C'est froid et c'est rose, avec des poudreries [2], mais c'est vraiment l'hiver.

---

2. Tempête de vent qui soulève la neige et saupoudre le paysage.

Puis, à la libération de mars ou avril, c'est trois mois de printemps, des milliers de ruisseaux bus, en un mois, par la plaine. Au bord du lac, quand trente-six pouces de glace se fendent sur vingt-deux milles de long, la terre est secouée, les maisons bougent, il se passe quelque chose. C'est le printemps qui s'amène.

L'été est très, très chaud.

L'automne, c'est la couleur. Couleur des forêts d'érables, toutes les couleurs.

Voilà pourquoi j'aime la nature. C'est un pays qui l'a douze mois par année.

La seconde raison: je ne suis pas né en ville, je ne suis pas un homme de la ville. En vous parlant de la nature, je vous ai parlé de la vallée de la Mauricie. Nous avons connu les vallées, les forêts, le Saint-Maurice, la pêche, les garde-feux, les hommes des bois, les draveurs, les bûcherons, un autre monde.

J'y ai vécu jusqu'à l'âge de quatorze ans. Mais on reste marqué par cette atmosphère. Et nos parents avaient l'intelligence de nous laisser libres. Ils nous laissaient découvrir. Ma mère avait le don de respecter ces petits secrets, de pouvoir parler longtemps, un verre, un vase, une tasse à la main, disant qu'il était facile de casser, de détruire, de laisser tomber à terre, ça prend une seconde...

Et nous avons grandi avec ces idées-là, avec un peu de musique, au contact des hommes de forêt. Donc il m'est impossible de ne pas évoquer la nature, ce qui ne m'empêche pas, je pense, d'aller chercher un conte, une petite histoire drôle, ou une situation bien au centre de la ville, avec un petit fonctionnaire comme dans la *Prière bohémienne*, celui qui va au travail, dans le tumulte chaque matin, avec son petit chapeau, son petit manteau...

Q. — Comment réagissez-vous aux réalités parfois monstrueuses de notre époque ?

R. — Si c'est une réalité monstrueuse que la nature a faite — un enfant naissant mal formé — je fais deux pas en arrière et je reste muet de stupeur et de pitié. Si c'est une réalité monstrueuse faite par l'homme, voulue, étudiée par l'homme, ma réaction est de colère, mais d'une colère d'insecte.

... Heureusement car, si c'était une colère d'hydre ou de dragon, je pulvériserais ceux qui entretiennent le mal.

Q. — A cet égard, n'avez-vous jamais été gêné, troublé par la poésie ?

R. — Oui, la poésie a été longtemps mon ennemie: elle me tenait dans un univers caché où tout est parfums, chants d'oiseaux, fidélité, ordre et pureté, où je ne voyais de mal nulle part, convaincu que tous les hommes étaient bons.

J'en abusais. Trop d'images. Mon voisin, (un embaumeur, un fonctionnaire, un terre à terre, un financier) me regardait bouche ouverte, sans rien comprendre.

J'ai vite compris que je n'étais pas réaliste. Donc, j'ai tourné le dos à cette poésie d'émotion et me suis dit: « Je marcherai dans le ciment, je connaîtrai le petit salaire, la faim, le loyer, la difficulté du quotidien. Je drainerai vers moi la vérité du jour le jour, je me défendrai de faire de la poésie » et ce qui est sorti de ma plume était équilibré. Si l'on veut faire beau et sortir du joli, faut d'abord faire vrai.

Q. — Et la chanson ?

R. — La chanson est un balcon d'où l'on prend la fuite. Il est des maisons sans balcon, des maisons où il y a trop de balcons.

Q. — Vos voyages vous ont fait connaître les pays et les hommes. Vous êtes sans doute le plus français des Québécois...

R. — Ou le plus québécois des Français...
Au Québec, un panneau indique « les frontières séparent, les routes unissent ».

Je n'ai pas la prétention d'être une route. Disons que je suis un sentier qui voudrait abolir les trois mille milles qui nous séparent. Venir en Europe, pour moi, c'est aller de Québec en Gaspésie...

Un matin de Pâques, j'étais à Bonn, où j'avais chanté la veille. Deux vieilles dames, devant une vitrine de confiserie, discutaient en allemand et amicalement des gourmandises étalées. J'ai compris toute leur conversation.

J'étais derrière ma mère et une voisine de Sainte-Marthe. Sur une petite route qui unit deux villages à la sortie d'Alger, je me suis retrouvé dans la silhouette d'un étudiant arabe d'une vingtaine d'années, une branche à la main, dégingandé, sifflant sa joie de vivre en plein soleil.

Au fond de la Camargue, j'ai rencontré deux frères, deux bergers. D'abord méfiants, curieux, puis aimables, ils bâtissaient une rallonge à leur bergerie. Le premier jour, je les ai salués sans parler. Au deuxième jour, nous avons échangé quelques mots. Au troisième, j'avais le marteau à la main.

La veille de mon départ, ils m'ont posé une question qu'ils refoulaient depuis longtemps, s'assurant bien que seule, la Méditerranée pouvait nous entendre. A voix feutrée, à trois pouces de mon oreille, sûr que je ne me moquerais pas d'eux, l'aîné m'a demandé: « Qui est le Président de la France ? » Je n'ai pas répondu tout de suite. Mais je leur ai dit: « Demain, je vous apporte la réponse. » Je suis revenu leur dire que, renseignements pris, c'était le Général de Gaulle. Personne n'a ri de l'autre. A partir de ce moment, d'amis, nous étions devenus frères.

Ces deux frères ressemblaient beaucoup à des pêcheurs de la Baie des Chaleurs. L'homme est partout le même, prêt à donner son amitié...

Attention ! Je retombe ici dans la poésie, mais je suis sûr qu'aujourd'hui à cinq heures, au moment où je vous parle, le soir tombé, la lampe allumée, il y a au fond de la Pologne un homme qui bourre sa pipe et avec qui je me sentirais bien à l'aise... sur la chaise vide, à côté de lui.

Q. — Vous êtes donc dans la mêlée, mais vous avez élu domicile en France, aux portes de Paris. Est-ce seulement par commodité professionnelle ?

R. — Ici ou au Québec, j'ai toujours été dans la mêlée, mais pour vraiment sortir de mon enfance, il ne fallait pas seulement que je sorte de mon pays, mais que j'élise domicile dans le pays le plus adulte du monde.

Des adultes peut-être un peu fatigués, des adultes qui ne sortent pas assez, qui acceptent difficilement la nouveauté, chérissent la tradition, brûlent de vieilles bûches, boivent du vieux vin, reçoivent de vieux amis, lisent de vieux livres. On leur vendra difficilement un billet pour la Lune. Ils souffrent sereinement de complexes de supériorité, s'adaptent facilement aux malheurs des autres et adorent les roses. Ils cultivent leur petit jardin et, bien à l'abri de leurs murs, croquent une pomme en regardant passer les météores. Ils sont civilisés, gentils, parlent fort et trouvent odieux que le reste de l'Univers soit si méchant et si pauvre. Pourtant, en riant dans leur verre de vin, ils envoient un bateau au Vietnam, s'inquiètent de la réponse de l'étudiant que l'on interroge et donneraient beaucoup pour qu'un enfant inconnu n'ait plus faim. Déchaînés, ils semblent valser sur les flots de l'abondance, mais leur pensée est avec celui qui n'est pas libre. Je me considère comme un des leurs, et sortent de moi des racines qui me font leur complice. Mais on ne peut être franc sans être logique. Le Français, qui est logique, sait bien que l'Europe est malade et « qu'il y a quelque chose de pourri au royaume de Danemark ».

Q. — Il semble que vos récentes chansons expriment une certaine amertume...

R. — Je ne sais pas ce qu'est l'amertume.

Peut-être des déceptions; mais amères, non, je ne pense pas. Disons que ce sont des pages à ne pas retrouver dans mes vieux âges. Il y a des chemins bien difficiles à passer. On vous descend, on vous matraque, on vous fait mal. Mais j'en sors. J'en sors par une chanson où je dis quand même ce que je pense. Je ne suis plus beaucoup sensible à la critique. Pour ou contre, l'essentiel reste de bien faire ce qu'on a choisi de faire... Il ne faut pas écouter tous les croassements, tous les bruits d'oiseaux.

J'ai un petit conte à ce sujet. Un jeune rossignol se découvre une voix. Il va trouver un serin professeur de chant. C'est très snob. Le professeur dit: « Hum, hum, tout ça est bien triste. Vous devriez ajouter quelques *tuit, tuit, tuit* ». Il remercie, s'en va, reprend son texte et le corrige avec quelques « tuit, tuit ». Il va ensuite vers le pinson, qui rentre de New York. Lui, c'est *gai, gai, gai* — autre chose — à l'américaine, comme une opérette, avec beaucoup de ronflements, de câbles, de tapage. Donc, il consulte différents oiseaux avant de finir à la corneille qui lui dit: « Où est la marche militaire ? où est le quotidien *Croa, croa* pour faire marcher ? »

Il est d'une grande tristesse. Le soir tombe, et il pense à tous ces juges, à la difficulté de plaire à tout le monde, et des bons conseils, et des bonnes âmes. Il comprend alors qu'il doit s'écouter, lui, comme s'écoute le rieur rossignol qui chante seul là-bas. Et les premiers, aux premières rangées, bien cachés, ce sont les critiques. Et ils font « chut, silence, parce que s'il nous voit, il ne chantera plus ». Il chante pour lui... Je crois qu'on ne peut pas tuer ce qui est appelé à vivre, ni faire vivre ce qui doit mourir.

Q. — Les spécialistes de la guitare s'étonnent de voir l'usage que vous en faites.

R. — Moi aussi...

Q. — Mais encore ?

R. — ... L'harmonique est un son que donne à l'octave une corde quand elle est effleurée. Mais pour l'effleurer, il faut être détendu à la limite du possible, comme dans une interview, comme celui qui franchit les chutes du Niagara sur un câble. Ceux qui sont tombés auraient réussi sans le ricanement d'un témoin.

L'oiseau qui frôle l'eau de son aile est libéré de toute contraction. L'aisance qu'apporte une atmosphère d'amitié permet d'arriver à cette facilité.

Devant un auditoire d'ennemis, de critiques, de fins finauds et de pseudo-connaisseurs, aucun instrumentiste au monde ne peut réussir des harmoniques. Ainsi, une ambiance complice fait sortir de l'artiste le son rare de ses chambres secrètes.

Q. — Le professeur, dans tout cela ?

R. — Un modeste artisan de Québec, d'origine italienne: Louis Angelilo. Pour la première fois, il a posé sur mes genoux l'instrument le plus délicat, le plus susceptible, pourtant capable de tonnerres et de douceur...

Aime-le, respecte-le, il te respectera...

Q. — Quelle est la qualité humaine la plus importante, selon vous ?

R. — Je crois que c'est le contraire de l'hypocrisie, le contraire du masque, le contraire du double, l'homme anonyme, le plus petit qui va au travail. Je l'envie, des fois, et c'est pour lui que j'ai envie d'aller à ma table et de travailler.

Quand j'étais jeune, je nuisais plus que je n'aidais mon frère à faire les labours ou à travailler avec les chevaux, les bêtes, tout ça...

Une fois — j'avais dix-sept ans — il m'a dit: « Va donc, tu nous nuis, tu nous déranges, va donc à la maison, regarde-nous par la fenêtre et raconte ce qu'on fait ! »

Et tout a commencé un peu comme ça, par une sorte de défi...

Donc, la qualité humaine... je ne sais pas trop. Il faudrait que j'y pense.

Bien sûr, on chante encore la souffrance, mais on n'arrêtera pas la misère ou ce qui lui ressemble. On peut quand même essayer d'y remédier, on peut en tout cas bercer cette douleur humaine. Je pense qu'on peut aider. Ma mère m'a fait comprendre ça aussi. On peut aider. Enfin, le rêve est rentable, puisque, moi j'en vis.

Jusqu'à l'âge de trente ans, je me suis cherché, je me cherche encore. Que faire ? Guitariste, instrumentiste ?... Peut-être... Chanteur ? Mais chanter les choses des autres, des grandes voix, je ne le sentais pas. Je voulais être beaucoup. En écrivant, qui sait, on peut devenir...

Pour essayer de me réaliser, j'ai cherché, j'ai eu bien du plaisir. Je vais dire comme mon ami Fernand Raynaud, quand il avait composé *J'm'amuse ! !*, il faut s'amuser et, en créant, on s'amuse beaucoup. Une image dans la journée, mais c'est une journée extraordinaire ! C'est comme si je devais bûcher une corde de bois.

Il faut faire une chanson quand ça vous dit. Trois chansons dans une année, c'est une bonne année. Voilà ! Il faut que ça ne se ressemble pas trop, il faut beaucoup de silence... Et puis, tout est bon, avec des amis, quand on a pris un verre; mais ce qui est bon à quatre heures du matin doit être bon à quatre heures de l'après-midi. Il faut que ce soit bon l'hiver et bon l'été. Il faut que ça passe l'épreuve des saisons. Lorsqu'elle réussit à passer, une chanson, si courte soit-elle, peut avoir un peu de valeur. D'autres fois, c'est une longue narration, c'est la lampe, le soir, un homme, une femme, seuls, perdus. C'est une page, c'est autre chose... De toute façon, la chanson, c'est pas les chutes du Niagara, c'est pas des symphonies, disons que c'est une allumette dans la nuit, une lueur... Disons que c'est une source.

Q. — Mais entre la narration, la chanson et le théâtre, où vous sentez-vous le plus à l'aise ?

R. — Ça dépend, c'est comme la température, je pense... Des déclics assez mystérieux, oui... c'est comme la température. Hop, voilà le beau temps qui se lève pour huit jours et v'là l'orage quatre mois après, pour huit jours aussi. Après ça, c'est la libération, c'est le printemps, c'est la débâcle et la nature prend tout pour elle, dans une espèce de beauté sereine et bleue. La nuit finit, on a traversé le tunnel... c'est le printemps.

Ce qui est bon c'est de croiser les cultures. Toujours du foin, toujours du sarrazin dans un champ, ça appauvrit la qualité de la plante. Il faut une année de pommes de terre, une autre de sarrazin, une d'avoine, une de blé; parce que la valeur des substances secrètes attendait peut-être cette plante-là pour sortir.

Et la terre est toujours riche. C'est pour ça qu'il ne faut pas trop vite lui demander. Il faut respecter le temps...

Q. — Vous parlez de croiser les cultures, mais pensez-vous qu'il soit possible de croiser la poésie, la chanson, l'écriture, le théâtre ?

R. — Oui, c'est la même chose. Vouloir créer une pièce par exemple, oublier complètement la musique, oublier la guitare... Une pièce, des comédiens en scène, un conflit, un drame... trouver quelque chose... Puis, oublier complètement. Je joue depuis huit ans: je ne ferai plus de chansons, c'est fini... Quand la pièce est montée, c'est fini. Alors, on se modère, on ralentit. Peut-être qu'on décrochera la guitare. Il faut recommencer autre chose, et c'est toujours nouveau.

Q. — Dans *Le Fou de l'île* et certaines de vos chansons, vous donnez l'impression d'attacher beaucoup de prix à la solitude, comme si la solitude était le ferment d'une certaine sérénité.

R. — Je pense que oui. On peut rechercher la solitude pour créer, mais à la condition, quand même, de ne pas être dans sa tour d'ivoire, à l'écart, le dos tourné aux hommes. A un moment donné, se retirer pour en parler mieux. C'est cette solution que j'aime. Moi j'ai choisi de vivre à un endroit retiré, à mon camp, sur l'île d'Orléans. Il n'y a pas d'électricité, rien, mais on y redécouvre la dignité de l'homme. Je suis à un mille et demi des chemins.

C'est l'hiver. Il fait vingt degrés au-dessous de zéro. Je suis là, seul ou avec quelques amis et si j'oubliais de la nourriture ou du bois... On essaie de redécouvrir les choses primitives. Je veux parler de cette solitude qui ne tourne pas complètement le dos à la vie. Ce serait créer une œuvre qui manquerait d'humanité, au fond.

Q. — On a souvent dit que vous chantiez la nature et que, à travers elle, vous aviez tendance à célébrer une certaine mélancolie de la pureté. Que faut-il en penser ?

R. — Oui, oui, c'est mon enfance. On aurait voulu être des enfants de douze ans pour l'éternité. Ne pas vieillir, ne pas devenir des hommes. Mais il a fallu quand même marcher, rencontrer des mots atroces qui font vieillir, comme: la guerre, l'amour, la haine, l'argent. On a découvert ça. On entre malgré soi dans la maturité. Tout en étant blessé, se tenir droit, marcher, puis s'émerveiller quand même.

L'HÉRITAGE

Q. — Comment procédez-vous pour travailler ?

R. — J'étais chez un ami, à la sortie de l'église. Il est notaire. Je vois des inconnus se présenter: ils venaient chercher leur héritage avec des visages de circonstance, un peu empruntés, enfin... Ces gens-là ont passé deux heures dans le pays et ont disparu pour ne plus jamais revenir, mais c'était pour venir chercher leur part d'héritage.

On a observé. J'ai trouvé ça tellement drôle, tellement surprenant... Et le notaire m'a dit: « C'est toujours comme ça, ils sont fous, ils viennent chercher l'argent ! »

Qu'est-ce qu'on peut tirer de cette histoire ? Voilà une idée. Je pourrai écrire une petite nouvelle, une page, disons. Peut-être une pièce, mais l'argument est peut-être mince. Peut-être une chanson qui serait drôle, rythmée, sur cette mascarade, cette procession de personnages masqués, attirés par l'argent. On installe d'abord le décor et la situation. Un héritage, un matin, une vieille dame morte... Et puis, le dénouement. Faut que je joue un tour à tous ces gens-là. Pourquoi n'y aurait-il pas un engagé [3] qui, lui,

---

3. Domestique, homme à tout faire.

n'attend rien et trouve, alors que tous sont convaincus de son inutilité. Bon ça pourrait commencer par l'horloge. Je cache un million là-dedans. Comment le faire découvrir ? A qui le donner ?

Mais ça a commencé autrement. A la sortie de l'église, j'ai vu tous ces gens inconnus... c'était déjà amusant. Voilà pour *L'Héritage*.

Pour *Bozo*, c'est autre chose. J'avais écrit une nouvelle. Presque soixante-dix pages. C'est l'histoire d'un homme qui vit au dehors de la société, seul, mais qui a peut-être ses mondes à lui, plus intéressants que les nôtres et c'est pour ça qu'il y reste.

J'étais chez le dentiste. J'attendais et je lui ai dit: « Je reviendrai dans vingt minutes. » Il m'a laissé partir à la course. Je suis allé chez moi. J'ai écrit les dix-huit lignes de la chanson. Pendant longtemps, longtemps, l'idée germe, fait son travail, son chemin. Il a fallu que je fasse un long chemin dans soixante-dix pages, essayer de trouver *Bozo*, l'entourer de personnages, pour finalement le sortir de là. Mais c'était nécessaire. Pour y arriver, il fallait tout brûler, et aboutir aux dix-huit lignes. C'est normal. La gestation. Laisser dormir longtemps. Voir si c'est bon. Oublier. Recommencer. Moi, je ne suis pas pressé.

Novembre 1968

ON A DIT DE FÉLIX LECLERC...

« Félix LECLERC est aussi canadien qu'universel. »
(M.C.B. *Le Soir*, 24 octobre 1967)

« Si les hommes ne se laissent pas « robotiser » c'est que celui-là prend soin de leur remonter le cœur régulièrement. »
(*Lettres Françaises*, 15 décembre 1966)

« Félix LECLERC ou la grandeur des vies simples, vécues librement, avec l'ambition d'une fraternité et d'une bonté faite des joies modestes. »
(F.R. Barbry, *La Croix*, dimanche 11 février 1968)

« Il a gardé le contact avec le monde, les forces circulantes, l'artère-mère. [...] Les plus grandes, les plus volcaniques révoltes de LECLERC s'expriment en demi-teintes. »
(Luc Bérimont, *Félix Leclerc*, Seghers, 1964)

« Il possède l'humilité des grands artistes, la sereine tristesse des optimistes lucides, l'humour des êtres bien vivants. »
(G. Salachas, *Témoignage Chrétien*, 8 février 1968)

« On ne lui a pas changé le cœur toujours plein de paysages où dominent la neige et l'écume et qu'éclairent des soleils rouges. »
(*La Terre*, 13 avril 1967)

« Il chante tout, simplement, et c'est de l'essentiel qu'il s'agit... Cristal de pureté, il est de la race de Garcia Lorca, du Rimbaud des *Illuminations*... »

(*L'Alsace*, 31 mai 1967)

« Les hit-parades l'ignorent quelque peu: il n'est pas de ceux sur lesquels on danse et il ne sert pas à tous les repas l' « amour toujours » des fabricants de succès. »

(G. Braem, *Sud-Ouest* dimanche, 21 janvier 1968)

« Lorsqu'on entend chanter Félix LECLERC on se sent bien loin du music-hall, de ses pompes et de ses œuvres. »

(*L'Humanité*, 21 mars 1967)

« La silhouette d'un bâtisseur de cathédrales, une tête de bourlingueur, un sourire timide, des yeux limpides, il entre en scène avec le printemps. »

(J.P. Hauttecœur, *La Croix*, 24 mars 1967)

« Auteur inspiré, interprète à la constante effusion et personnage presque hors du temps, le tout à la même altitude: celle de la légende. »

(P. Carrière, *Le Figaro*, 30 décembre 1967)

« Félix LECLERC était devant nous, parmi nous, en nous avec sa guitare caressée comme une femme et ses chansons taillées dans le chêne et le roseau, le vent et le soleil, l'eau et la lumière, le présent et le toujours. »

(J.M. Sourgens, *La Voix du Nord*, 27 mai 1967)

« Plus que les applaudissements, la qualité des silences prouve qu'il se passe quelque chose. »

(F.P.M. *Le Courrier Picard*, 6 juillet 1967)

« Poésie mâle et douce tout à la fois, poésie qui ne se paye pas de mots, et que la musique, sans tambour ni trompette, accorde à nos songes. Et peut-être parce qu'elle est pure de tout alliage, de toute concession héroïque ou démagogue, la poésie la plus vraie que nous ait donné la chanson. »

(Pierre Macabru, *Le Journal du dimanche*, 16 juin 1968)

LES CHANSONS

I. L'EMPREINTE DE L'ENFANCE

LES SOIRS D'HIVER

Les soirs d'hiver, ma mère chantait
Pour chasser le diable qui rôdait;
C'est à mon tour d'en faire autant
Quand sur mon toit coule le vent.

Parler de prés,
d'amour,
d'enfants,
De soleil d'or
sur les étangs,
C'est son langage
que je copie
fidèlement:
Poulette grise,
Noël,
Fanfan;
Le roi Henri,
Sylvie,
Isaban;
Sous chaque note, un peu de sang,
« J'en suis l'auteur », m'a dit Satan.
« Quand elle chantait, ta mère pleurait
Parce qu'on tuait le canard blanc,

Brisait l'écorce, prenait le fruit,
Se joue ainsi... »

Les soirs d'hiver, ma mère chantait
Pour chasser le diable qui rôdait;
C'est à mon tour d'en faire autant
Quand sur mon toit coule le vent.

1956

LES SOUPIRS

Ah ! si ça peut finir !
Le plancher à polir,
L'examen à subir,
Le malade de dormir...
Il donn'rait bien deux « toquens », Casimir,
Pour pouvoir guérir...

La mer qui se déplie,
L'ours dans sa cage qui
Tourne et tourne à s'étourdir,
L'enfant puni poussent des soupirs
Fuir ! Fuir ! Fuir !

Faut monter la falaise,
Toute couronne pèse,
Ecrasés sur nos chaises
A quand fin des malaises ?

J'ai vu le loup courir la brebis
Toute la nuit...

Encore un peu de neige,
Un nid dans le bouleau,
Que la ville se taise
Ou renfonce sous l'eau,
Devenir homme, c'est tomber de haut
Ho ! Ho ! Ho !...

Le feu dans la forêt,
A neuf heures le toscin,
Un mort dans le marais
Une bouteille de vin,
La roue du cirque tourne sans arrêt,
Rouge, jaune, vert...

Recule, avance, cours,
Lève, tombe, au secours !
L'oiseau léger est si lourd...
A chaque jour, je fais pleurer l'amour,
Boo, boo, boo...

Mes jouets sont brisés
La rivière est gelée,
Portes de ma Vallée
On nous a verrouillées...
Marthe, Fidor
Vivez-vous encore,
Please, please, please ?...

Signes du paradis,
La nuit je vous épie,

Y'a mon amie qui rit
Et mon frère qui prie...
Moi, j'ai les deux yeux rivés au port,
J'attends le vaisseau d'or...
...

1963

COMPLOT D'ENFANTS

Nous partirons
Nous partirons seuls
Nous partirons seuls loin
Pendant que nos parents dorment
Nous prendrons le chemin
Nous prendrons notre enfance
Un peu d'eau et de pain
Et beaucoup d'espérance
Nous sortirons pieds nus
En silence
Nous sortirons
Par l'horizon...
...

1950

PETIT PIERRE

— « Petit Pierre, quel âge as-tu ? »
— « J'ai vingt ans et j'en ai honte ! »
— « N'aie pas honte, Petit Pierre,
  Car tu es le cœur du monde ».

— « Si je suis le cœur du monde,
  Il ne vivra pas très vieux... »
— « Mets tes vingt ans dans la ronde
  Tu verras qu'ça ira mieux ».

— « Je n'ai plus d'amour, monsieur,
  Pas même pour ma misère;
  Je n'sais pas pourquoi l'bon Dieu
  M'a envoyé sur la terre ».

— « Où vas-tu donc, Petit Pierre ? »
— « Je m'en vais au bout d'mon ch'min ! »
— « Où mène-t-il, ton chemin ? »
— « Il me mène à la rivière... »

— « Aurais-tu donc un message
  A jeter dedans les flots,
  Penses-tu devenir sage
  A regarder couler l'eau ? »

Petit Pierre a répondu:
« Je déteste votre vue... »
Et puis il est disparu,
On ne l'a jamais revu...

1947
© Editions Raoul Breton

ELLE N'EST PAS JOLIE

Elle n'est pas jolie,
La chanson que je chante,
Comme un oiseau meurtri
Elle a l'aile pendante...

Ah ! si j'avais le goût,
Je créerais une ronde,
Mais comme un vieux caillou,
J'attends la fin du monde.

Y'a l'ouvrier qui meurt
Un soir de grande peine,
Y'a l'homme sans honneur
Qui n'a plus que sa haine...

Y'a le garçon trahi
Par la fille qu'il aime,
Y'a cette mélodie
De la douleur humaine.

Y'a aussi le soleil
Qui joue dessus les pêches,
Mais y'a celle qui veille
Sur un malade rêche...

Y'a les bambins heureux
Qui courent au bord du lac...
Mais y'a les deux gros yeux
De la faucheuse au sac.

Tout d'même, y'a l'bon Dieu
Qui entend nos misères,

Qui de son livre bleu
Rejette l'éphémère...

Que vienne le matin
Beau comme un fleuve bleu
Où tous les malheureux
Se presseront la main !

1946

L'ABEILLE

Le soleil
a tué
une abeille
dans l'grenier.
Dans le port
un marin
est mort
de chagrin,
et le vent
a mordu
un enfant
qu'était nu.

Mon voisin
a des peines
et des chaînes
plein les mains.
Le bateau
d'amoureux
si beau

est en deux.
J'ai chanté
tant et tant
mais jamais
si content.

Est-c'la fille
à sa grille
ou les pleurs
sur les fleurs ?
Est-c'l'ami
qui m'a dit
l'ennui
d'sa fortune ?
Pour jouer
j'ai croqué
la moitié
de la lune.

Suis allé
cette nuit
en Asie
en pensée,
Sur le bord
d'un étang
dehors
près du vent,
j'ai couru
comme un faon
j'ai revu
mes vingt ans !

Paris, 1948

II. LES CHANSONS DE COURAGE

LE P'TIT BONHEUR

C'est un petit bonheur
Que j'avais ramassé,
Il était tout en pleurs
Sur le bord d'un fossé.
Quand il m'a vu passer,
Il s'est mis à crier:
« Monsieur, ramassez-moi,
Chez vous amenez-moi.

Mes frères m'ont oublié, je suis tombé, je suis malade,
Si vous n'me cueillez point je vais mourir, quelle
[ballade !
Je me ferai petit, tendre et soumis, je vous le jure,
Monsieur, je vous en prie, délivrez-moi de ma
[torture. »

J'ai pris le p'tit bonheur
L'ai mis sous mes haillons,
J'ai dit: « Faut pas qu'il meure,
Viens-t'en dans ma maison. »
Alors le p'tit bonheur
A fait sa guérison

Sur le bord de mon cœur
Y'avait une chanson.

Mes jours, mes nuits, mes peines, mes deuils, mon
[mal, tout fut oublié
Ma vie de désœuvré, j'avais dégoût d'la r'commencer,
Quand il pleuvait dehors ou qu'mes amis m'faisaient
[des peines
J'prenais mon p'tit bonheur et j'lui disais: « c'est
[toi ma reine. »

Mon bonheur a fleuri
Il a fait des bourgeons,
C'était le paradis
Ça s'voyait sur mon front.
Or un matin joli
Que j'sifflais ce refrain
Mon bonheur est parti
Sans me donner la main.

J'eus beau le supplier, le cajoler, lui faire des scènes,
Lui montrer le grand trou qu'il me faisait au fond
[du cœur,
Il s'en allait toujours, la tête haute, sans joie, sans
[haine,
Comme s'il ne pouvait plus voir le soleil dans ma
[demeure...

J'ai bien pensé mourir
De chagrin et d'ennui
J'avais cessé de rire,
C'était toujours la nuit.

Il me restait l'oubli
Il me restait l'mépris,
Enfin que j'me suis dit:
Il me reste la vie.

J'ai repris mon bâton, mes deuils, mes peines et mes
[guenilles
Et je bats la semelle dans des pays de malheureux
Aujourd'hui quand je vois une fontaine ou une fille
Je fais un grand détour ou bien je me ferme les yeux
...Je fais un grand détour ou bien je me ferme les
[yeux...

1948

© Editions Raoul Breton

LA DRAVE

Ça commence au fond du lac Brûlé
Alentour du huit ou dix de mai.

La mort à longues manches
Vêtue d'écume blanche
Fait rouler le billot
Pour que tombe Sylvio
Elle lui lance des perles
Des morceaux d'arc-en-ciel
Pour lui crever les yeux
Et le briser en deux...

Sylvio danse et se déhanche
Comme les dimanches, les soirs de chance,

Remous qui hurlent, planchers qui roulent,
Parfums qui soûlent, reste debout !

Thauvette, Sylvio Morin
Ephée, les deux Mainguy
Sweeny, l'gros Quévillon
Vincent, l'père Cousineau
Morel et Ladouceur
Albert Lebrun aussi
Dupras et puis Larocque
Lefebvre et Charbonneau
Tous plus Ed MacMillan
Macpherson et Seguin
Malouin, Aurèle Brière
Tourmaline et Niclaisse
Trois pouces et puis Morel
Et puis Camille Rivard
Filibien et le cook
Qu'on ne voit pas ici.

On creuse un trou
A la bonn'place
On met l'joujou
Dessous la glace
Jambes à son cou
On débarrasse
Face en grimaces
C'est l'sauvez-vous

Car il faut pas être là quand ça part,
Ça vous tue, ça vous couche, ça vous mord,
Ça vous traverse un gars d'bord en bord,
Ça s'amuse à crever le plus fort d'abord...

Bêtes des bois
Ne bougent pas
Le vent aussi
Reste tapi,
Même la montagne
Haut dans l'azur
Met un nuage
D'vant sa figure...

Car il faut pas être là quand ça part,
Ça vous tue, ça vous couche, ça vous mord,
Ça vous traverse un gars d'bord en bord,
Ça s'amuse à crever le plus fort d'abord...

Et tout est calme jusqu'à demain matin...

Dans sa tête, y'a des billots qui flottent
Qu'il échang'rait pour un air de guitare...

Melançon s'est noyé par ici
Il faudrait pas qu'ça r'commence;
Debout sur les rivières,
Quatre-vingts hommes à guider.

Dans sa tête, y'a des billots qui flottent
Qu'il échang'rait pour un air de guitare...

Pour arriver au moulin
Au moulin de Buckingham
Il faut débloquer la « jam »
Qui se r'bloque un peu plus loin
Coups de hache et coups de pied

Dynamite et chaînes cassées
Sur le front la pluie glacée
Pas d'nouvelles d'la fiancée

Les heures sont longues
Les eaux profondes
Dans d'autres mondes
Les femmes blondes...

Oh ! la gaffe, le godendard
Les rapides et les crobarres
Si on veut être là à temps
En même temps que le printemps
Y'aura d'la musique à plein
Des voisins et puis du pain
De la bière et des matins
Installés dans le jardin

Des billots pour le papier
Des billots pour le carton
Des billots pour se chauffer
Des billots pour les maisons
Pas d'billots, pas d'écrivains
Pas de livres comme de raison
Ça s'rait peut-être aussi ben
Mais peut-être aussi que non.

Dans sa tête y'a plus d'billots qui flottent
Mais sa femme au village qui tricote...

Sylvio danse et se déhanche
Comme les dimanches, les soirs de chance,
Remous qui hurlent, planchers qui roulent,
Parfums qui soûlent, reste debout !

1954

MAC PHERSON

A l'Angelus de ce matin,
Le chef de drave, le gros Malouin,
A dit: « les billots sont pris;
Qui d'entre vous, avec sa gaffe,
Va faire un trou pour qu'ça s'dégraffe,
Celui-là, r'viendra pas. »

C'est en chantant cet air de jazz
Que Mac Pherson a pris le large
Sur son parka une fleur sauvage
Au-d'sus d'sa tête un p'tit nuage
Du soleil jusqu'à l'Occident
Des diamants plein l'lac Saint-Jean
Des symphonies dessous les flots
Un homme tout seul sur son radeau

Ring, ring, va Mac Pherson
Ring, ring, ousque ça sonne
Ring, ring, r'grette pas personne
La vague est bonne, bonne...

Quand l'noir s'est vu au large tout seul
Avec la bouée Eternité
Qui lui jazzait au nez
A oublié le monde entier
A son enfance il a rêvé
Il a revu sa vieille mamie
Qui l'a aidé à débarquer

Ring, ring, viens Mac Pherson
Ring, ring, viens qu'on te donne
Ring, ring, c'que t'as mérité
Qu'on n't'a jamais donné...

Dans les remous on a r'trouvé
Un vieux radeau tout défoncé,
Les chaînes arrachées;
Mais l'Mac Pherson en paradis
Fut emporté par ses amis,
C'est Malouin qui l'a dit...

Les anges chantaient son air de jazz
Quand Mac Pherson a pris le large
Sur son parka, la fleur sauvage
Brillait comme l'étoile des Mages
Et le soleil à l'Occident
Mettait du rouge sur son vêtement
Les symphonies dessous les flots
Ont fait éclater le radeau...

Ring, ring, sonnez cloches du lac Saint-Jean
L'âme de celui qu'est triomphant
Ring, ring, les billots ont r'pris le courant

Et Malouin est content
Et tout le monde est content...

Mac Pherson est content...

1948

© Editions Raoul Breton

J'AI DEUX MONTAGNES

« J'ai deux montagnes à traverser
Deux rivières à boire
J'ai six vieux lacs à déplacer
Trois chutes neuves à mettre au lit
Dix-huit savanes à nettoyer
Une ville à faire avant la nuit. »

C'est pourquoi de forêt
Il n'est pas revenu...

1944

© Editions Tutti et Archambault.

EN MUET

En muet, le mot arbre se dit en pivotant son bras
Le mot vie en ouvrant vers en haut sa main
Le mot mort en la tournant vers le sol
Et amour en dessinant un cœur.

En muet, le mot bonjour se dit avec les lèvres
Le mot joie se lit clairement dans les yeux

Violence avec le poing fermé
Et jeunesse, c'est offrande d'un plat de fruits.

Connaissance se dit en étageant ses doigts
Hypocrite avec l'index sur la gorge
Prière en joignant ses deux mains
Sainte Vierge en la montrant au ciel.

Mais amour en muet, c'est un cœur dessiné
C'est aussi yeux rougis et douleur sur la bouche
C'est les rides au front, les marqûres au flanc
C'est tout proche des cris
C'est un cri déchiré
Qui finit par
MERCI.

1964

CHANSON DES COLONS

Pour une p'tite chanson
J'donnerais ma maison,
Comme un sac de pierres
J'écrase la terre;
Je voudrais m'en aller
Et voler dans l'horizon,
Mais j'ai c'te maison
Rivée aux talons.

Pour écrire il faut du papier,
Y'a pas d'papier chez les colons;

Pour aimer il faut sa moitié,
Y'a pas d'moitié chez les colons.

Moi j'serais en peine d'écrire
Et j'serais en peine d'aimer
Je connais pas mes lettres
Et pas d'visage aimé
Notre vie, on la roule
Sur des houles de pays
On nous sort de la foule
On nous déboule ici.

Où c'est qu'on va poser not-pieu
Défaire nos hardes et être heureux ?
Oh ! Sainte Vierge, mère de Dieu,
V'nez donc nous aider un p'tit peu !

Et des mouches et des souches
Et des frousses à la tonne,
Le paradis qu'on dit
Est derrière l'abatis,
On le cherche, on l'appelle,
On travaille comme des bœufs
Et le soir y'a plus rien
Qu'deux étoiles dans les cieux.

Coli, Colo, Colonisons
Pour tous les fistons qui viendront;
Chapi, Chapeau, y'a pas d'moisson
Sans sueur des fronts et sans colons.

1957

© Editions Tutti et Archambault.

L'AGITÉ

— « L'Agité, pourquoi pas r'dresser les pattes de ta
[table ?
— Parce que mes jambes à moi ne sont pas
[réparables.

— « L'Agité, pourquoi ces entailles sur le dos de ta
[chaise ?
— Parce que mon dos à moi souffre de grands
[malaises.

— « L'Agité, il pleut dans ta chambre et tu n'y
[prends pas garde.
— Mon toit comme ma tête, les deux sont bien
[malades.

— « L'Agité, le vent bat ta porte et secoue les
[serrures.
— Mes mains ne ferment plus à cause de mes
[jointures.

— « L'Agité, le feu dans ton poêle est plus froid que
[novembre.
— Touchez-moi donc le cœur qui baisse comme
[lampe.

— « L'Agité, ton jardin se meurt dessous les
[moisissures.
— Ma jeunesse est partie, les chenilles la mangent.

— « L'Agité, recolore donc le drapeau de ta grange.
— Faudrait du même coup teindre ma chevelure.

— « L'Agité, pourquoi t'éloigner de l'argent et du
[monde ?
— J'ai juste assez de temps de m'creuser une tombe.

— « L'Agité, viens au bois danser, le printemps va
[renaître.
— Dansez si vous voulez, moi je r'tourne à mon
[Maître. »

1954

LES DIMANCHES

Ceux qui disent que les dimanches
Sont jours d'ennui, d'espoir qui flanche
N'ont donc jamais mal dans le dos
Pour n'avoir pas besoin d'repos.

C'est jours de s'maine qu'on paie les comptes
Qu'on se lèv'tôt et qu'on a honte
De n'avancer qu'à pas de chat
Dans un métier qu'on n'aime pas.

Mais c'est dimanche que s'assoient
Ceux qui ont pain et amitié,
Ceux qui n'ont rien regardent couler
Le son des cloches sur les toits.

C'est jours de s'maine que les enfants
Dans des cahiers apprennent, apprennent

Combien y'a d'trois dans une douzaine
Combien vieillir c'est inquiétant.

Mais c'est dimanche que Ti-Jean
Va voir Marie, sa souveraine,
En complet bleu, c'est le seul temps
Qu'il tourne dos à la semaine.

C'est jours de s'maine que l'on enterre
Ses morts, ses rêves et ses folies.
C'est jours de s'maine que les bandits
Pillent les banques et tuent leurs frères.

C'est jours de s'maine qu'on pousse portes
Qu'on offre bras, idées, talent
Qu'on s'fait bafouer et qu'on rapporte
Plaies aux épaules, plaies en dedans.

Mais c'est dimanche qu'on s'arrête
Comme dans le creux vert d'une baie
Et qu'on enlève son collier
Pour oublier qu'on est des bêtes.

Paris, 1952
© Editions Tutti et Archambault.

L'EAU DE L'HIVER

L'eau de l'hiver est froide
Injuste l'ignorance
Le cœur de l'homme est dur

Le grain pousse au printemps
Blanc le pied de la chèvre
Rose sa langue
Propre est la truite...

Avec ma jolie reine
Sa hanche contre la mienne
Je traverse les ponts
Je traverse les monts
Le torrent crie des mots
Des mots obscènes
Que nous n'entendons pas.

1958

TU TE LÈVERAS TÔT

Tu te lèveras tôt
Tu mettras ton capot
Et tu iras dehors...

L'arbre dans ta ruelle
Le bonhomme dans le port
Les yeux des demoiselles
Et le bébé qui dort,

C'est à toi tout cela...

Tu toucheras la terre
La mer porteuse d'îles

Tu verras les bateaux,
La barrière et le moine
Le château et le pont
Et tous les champs d'avoine

C'est ton pays...

Et tu rentreras lourd
Pour avoir fait le tour
De ce qui est à toi
Tu diras à ta mère
Que l'horizon est clair
Et elle sera fière
D'être de ce pays-là...

Y'a le comté des pommes
Celui des pêcheries
Et des bêtes de somme
L'autre des flâneries
Y'a le moulin à scie
Le facteur, le voleur
La politiquerie,
La neige et les couleurs

C'est à toi, tout cela...

Y'a les faiseurs de chaises,
Les faiseurs de chaloupes
Et les faiseurs de pain...
Et les faiseurs de rien,
Y'a les retardataires
Les mariages, les colères

Les grands-mères aussi
Et les cordonneries,

C'est ton pays...

Les cloches dans les clochers,
Les quatre-vingts comtés,
Les cinquante mille écoles,
Et l'or dessous le sol
Les villes qui commencent
Celles qui continuent
Avec toi par-dessus
Et les siècles qui naissent
Au fond des nues...

Tu te lèveras tôt
Tu mettras ton capot
Et tu iras dehors...

Pâques 1958

LES NOUVEAU-NÉS

Le vieux écoutait le tapage
Que faisait la cloche du village,
On lui dit que c'était pour fêter
L'arrivée de l'enfant nouveau-né

Le vieux salua le paysage
Et dit: moi, je pars en voyage.

Parti sans adieu, sans bagage,
On le trouva au bord d'un marécage
Pieusement couché dans les herbages
Mort et beau comme une image...

Il dormait comme un enfant sage
En route au-dessus des nuages.

Les cloches se sont mises à sonner
Pour le vieux qui avait trépassé
Qui, galamment, sa place avait donné
A l'enfant nouvellement né

Les cloches sonnaient en folie
L'entrée d'un mioche en paradis.

Ding-dong-dong, ding-dong-dong,
Ding-dong-dong, ding-dong-dong

Les cloches sonnaient en folie
L'entrée d'un mioche en paradis.

1945

QU'ONT VU TES YEUX

Qu'ont vu tes yeux toute la journée,
Qu'ont fait tes joues,
Qu'ont fait tes mains,
Et tes oreilles bien ciselées
Qu'ont-elles entendu aujourd'hui ?

Et tes longues jambes musclées
T'ont promené où aujourd'hui ?
Dans les couloirs de ta p'tite tête
Aucun vent frais n'a circulé.

Elle dure ton immobilité
Depuis l'enfance, est-ce possible ?
Et les réserves dans ton cœur
Qui les boira ?
Et cette trappe dessus ton âme
Qui l'ouvrira ?

Tu as bien raison d'avoir honte,
J'irai questionner le brin d'herbe
Qui lui au moins la création
A louangé
Toute la journée...

1964

MANIC 5

ELLE:

J'ai tant peur que tu tombes...

LUI:

Un câble me retient.

ELLE:

J'ai tant peur qu'une avalanche de pierres
T'ensevelisse...

LUI:

Mais non, tes craintes sont vaines,

Comment veux-tu que je glisse
Je suis maille d'une chaîne.

ELLE:

On dit ça, j'ai peur quand même;
J'ai tant peur que tu tombes...

LUI:

Tant d'effroi

ELLE:

Tant de joie

LUI:

Et tant de fois d'émoi.

ELLE:

Je le dirai au roi
Que c'est grâce à toi
S'il fait clair chez moi.

LUI:

Tu lui diras aussi
Que s'il fait chaud chez moi
C'est grâce à toi d'abord.

ELLE:

Et je te dis merci
Et je suis fière de toi.

LUI:

Dis-le-moi encore.

ELLE:

Fière, fière...

LUI:
> Un mot que je croyais mort.

1965

© Editions Majestic et Archambault.

UNE VALSE

Pour les deux enfants qui s'en vont à l'école
pour le chapeau neuf sorti d'un magasin
pour le vieil oiseau à son dernier vol
pour la lettre qu'attend mon voisin

Pour le petit Russe qui regarde la Lune
pour la chevrette qui découvre le thym
pour Mado à son premier chagrin
une valse, une valse, une valse

Et c'est parti d'la rivière Richelieu
du cœur d'un homme qu'était cassé en deux
c'était tout p'tit effrayé par la nuit
c'était brisé, mais ça avait la vie.

Puis ça a sauté par-dessus le jardin
à la première barre du jour sur le chemin
puis ça a gagné le pont qu'est dans les airs
c'était sorti c'était libre, c'était clair.

Trois hommes l'ont vue qui travaillaient aux champs
ils ont crié: vis longtemps vis longtemps
ça faisait quatre, il n'était pas midi
à trois heures quinze la valse était finie

Une femme triste lui a donné son rire
quatre fillettes mêlées aux gouttes de pluie

18 canards, deux bourgeois lui ont dit
prends c'qu'on a d'mieux pour que tu sois jolie.

A l'heure de pointe ça frôlait les maisons
et aux barreaux accrochait ses flonflons
foule fatiguée sur la rue bosselée
le nez en l'air avait le goût d'danser.

Enfants, abbés, voyous et demi-morts
ont dit: enfin vous voilà tous d'accord
l'accordéon criait partout dehors
que chacun prenne sa partie du trésor

Que voulez-vous une valse c'est un mystère
un baume, un fouet, c'est le sel dans la terre
sorti du fond du cœur d'un solitaire
soixante secondes de joie et ça meurt dans l'air
soixante secondes de joie c'est beaucoup par l'hiver.

LE ROI HEUREUX

Un carrosse embourbé,
Les att'lages cassés,
Essayait de monter le fossé;
Les chevaux ne voulaient plus tirer,
Se lamentaient les pauvres cochers;

Le roi qui était dedans
Se dit intérieurement:
« C'est tant mieux, j'suis content, car maintenant

Qui pourra m'empêcher de marcher ?
Y'a si longtemps que j'veux voir les champs ! »

En sautant la clôture,
Il tomba dans les mûres
Et salit son pourpoint de satin;
Un vilain chien sans nom
Lui mordit le talon;
La nature, gênée, refusa de chanter...

« Continuez de chanter,
Mes amis les oiseaux,
Hélas ! si vous connaissiez ma peine,
Vous vous installeriez
Sur ce grand merisier,
Vous chanteriez jusqu'à perdre haleine.

Je m'en vais au palais
Pour briser un complot
Qu'ont tramé dans mon dos mes sujets;
Vous, au moins, demeurez avec moi,
Ayez pitié de ceux qui sont rois ! »

Aujourd'hui dans c'pays
Il n'y a plus de roi
Ni de rue ni de toit, ni de rien;
Un grand souffle est venu
Qui a tout emporté...
Reste un homme au manteau troué.

Son manteau est troué
Mais son cœur est léger

Il s'en va dans les prés, seul à pied;
Son royaume à présent
C'est un p'tit toit de chaume
Et la terre lui est plus légère...

1949

III. AILLEURS

CONTUMACE

Un habitant d'l'Ile d'Orléans philosophait
Avec le vent, les p'tits oiseaux et la forêt,
Le soir venu à ses enfants il racontait
Ce qu'il avait appris là-haut sur les galets.

Un beau matin, comme dans son champ, près du
[marais,
Avec son chien, en sifflotant, il s'engageait,
Deux hommes armés à collet blanc lui touchent
[le dos,
Très galamment, en s'excusant, lui disent ces mots:

« Monsieur, monsieur, vous êtes sous arrêt
Parc'que vous philosophez,
Suivez, monsieur, en prison vous venez;
Pour philosopher apprenez
Qu'il faut d'abord la permission
Des signatures et des raisons
Un diplôme d'au moins une maison spécialisée... »

Ti-Jean Latour, à bicyclette, un soir de mai,
Se dirigeait, le cœur en fête, chez son aimée

Et il chantait à pleins poumons une chanson
Bien inconnue dans les maisons d'publication.

Mes deux zélés de tout à l'heure passant par là
Entendent chanter l'homme dont le cœur gaiement
[s'en va
Sortent leur fusil, le mettent en joue sans hésiter
Et lui commencent ce discours pas très sensé:

« Ti-Jean, Ti-Jean, te voilà bien mal pris
Parc'que tu chantes sans permis;
As-tu ta carte ? Fais-tu partie de la charte ?
Tu vois bien mon Ti-Jean Latour
Faut qu'tu comparaisses à la cour
Apprends que pour d'venir artiste
Faut d'abord passer par la liste des approuvés... »

Et en prison Ti-Jean Latour et l'habitant
Sont enfermés à double tour pendant deux ans
Puis quand enfin l'autorité les libéra
Ecoutez bien mesdames, messieurs, ce qu'elle trouva:

Un homme savant et un compositeur
Heureux, grands et seigneurs...
On les pria d'accepter des honneurs
Mais l'habitant, en rigolant,
S'en fut en courant dans son champ
Pendant qu'à bicyclette Ti-Jean
Reprit sa course, en chantonnant, tout comme
[avant...

1944

BOZO

Dans un marais
De joncs mauvais
Y'avait
Un vieux château
Aux longs rideaux
Dans l'eau

Dans le château
Y'avait Bozo
Le fils du matelot
Maître céans
De ce palais branlant

Par le hublot
De son château
Bozo
Voyait entrer
Ses invités
Poudrés

De vieilles rosses
Traînant carrosses
Et la fée Carabosse
Tous y étaient
Moins celle qu'il voulait...

Vous devinez que cette histoire
Est triste à boire
Puisque Bozo le fou du lieu
Est amoureux

Celle qu'il aime n'est pas venue
C'est tout entendu
Comprenez ça
Elle n'existe pas...

Ni le château
Aux longs rideaux
Dans l'eau
Ni musiciens
Vêtus de lin
Très fin

Y'a que Bozo
Vêtu de peau,
Le fils du matelot
Qui joue dans l'eau
Avec un vieux radeau.

Si vous passez
Par ce pays
La nuit
Y'a un fanal
Comme un signal
De bal
Dansez, chantez
Bras enlacés
Afin de consoler
Pauvre Bozo
Pleurant sur son radeau...
...
...

1946

LA DANSE LA MOINS JOLIE

Pour avoir des plumes à son chapeau
Ti-Jean a tué un oiseau;
Dans son filet, Ti-Jean a pris
Pour son dîner une perdrix.

Ça fait deux morts dans la vallée,
On peut pas les ressusciter;
Demain si Ti-Jean veut manger,
Il lui faudra recommencer...

La danse la moins jolie
Qu'on danse dans tous les pays
C'est la danse des fusils
Qui fait la nuit...

Quand même tu es mon ami
En pleurant je t'ôte la vie,
Bien sûr que j'en suis meurtri
Mais c'est ainsi...

J'y peux rien, c'est pas malin
Mais si tu es sur mon chemin
D'abord je te donne la main
Et je finis par le coup d'poing;

Les humains, les pauvres humains,
Sont bien à plaindre à la fin,
Pourtant les anges du ciel
Echangeraient leurs deux ailes.

Pour porter nos têtes folles
Danser notre farandole
Et puis finir comme des chiens
J'y comprends rien, rien, rien !

1949

© Editions Raoul Breton.

COMME ABRAHAM

Qu'il se lève celui qui ne s'paye pas dix minutes,
[dix minutes de calomnie par jour,
Qu'il se lève celui qui n'admet pas dans sa tête une
[présence défendue par jour,
Qu'il se lève celui qui a donné son habit pour vêtir
[plus malheureux que lui.

Personne n'a bougé
Les saints courent pas les rues;
Quelqu'chose à essayer,
Les risées sont prévues...

Comme Abraham, Isaac et Jérémie
Le vieil Horace, Salomon et saint Louis
Lancer un câble à l'étoile dans la nuit,
Tête hors de l'eau, vers quelqu'chose hors d'ici,

Porte-monnaie, parchemins et beaux tissus
Crédits, valeurs, placements à fonds perdu
Ça fait d'l'engrais et c'est vraiment perdu,
Quand l'fil se coupe on part tout seul, on part
[tout nu.

Qu'il se lève celui qui n'a pas sur l'oreiller rêvé
[d'avoir sa revanche un jour.
Qu'il se lève celui qui a failli mourir de joie au succès
[de son ami un jour.
Qu'il se lève celui qui accept'rait l'agonie de son
[frère dans le lit un jour.

On vivra centenaire
On a trop d'choses à faire,
Dans une semaine aussi
Ça s'peut qu'tout soit fini.

Comme M'sieur Gandhi, Geneviève et saint Vincent
Et tous ces fous, insensés, ignorants,
Ces dédaigneux de la gloire de ce monde,
Me joindre à eux l'espace d'une seconde...

Millions d'perdants, quelqu'gagnants et je vieillis,
A droite la terre, à gauche le paradis,
J'préfère la terre, j'ai tort et je le dis
J'admire celui qui met le cap sur l'infini
J'envie celui qui met le cap sur l'infini,
Quelqu'fois aussi, je m'embarquerais avec lui...

1954

LE ROI ET LE LABOUREUR

— Oh ! ce château, comme j'en ai plein le dos !
Demain, je fais couper le cou d'un homme.

C'est pourquoi je viens te voir, mon voisin,
Pour oublier la loi que l'on tient
Parle-moi de ta femme au jardin
Montre-moi tes canards et ton chien,
On doit m'chercher partout à la cour,
Suis sorti par l'échelle de la tour
Hâte-toi de me faire oublier
Les papiers qu'un roi doit signer.

— Oh ! majesté, comment vous consoler ?
Vous avez condamné mon frère.
Au soleil levé qui s'en vient
On le pouss'ra en haut des gradins,
Dans son cou une corde de lin,
De la soie pour attacher ses mains.
Je vous prie, continuez vot' chemin,
On ne peut unir nos deux chagrins
Vous êtes là pour punir les vilains
Laissez-moi les pleurer tout au moins.

— Oh ! ce métier, métier de justicier !
Demain, je me ferai meunier ou moine.
J'échangerais pour un vieux marais
Mon château, ma couronne, mes valets,
Pour tes six canards, je donnerais
Les peintures qui ornent mon palais;
J'ai lu tous les livres parfaits
Et connu tous les esprits bien faits;
Quand je vois ton âne près des roseaux
Je voudrais au monde tourner le dos.

— Oh ! majesté, chacun son pauvr' métier...
J'ai un trou à creuser: excusez...

1956

© Editions Archambault et Tutti.

LES PERDRIX

Les sources sont glacées
Et les roseaux sont morts
Dans leurs habits de rouille;
On a crevé les champs
Et mon cœur et mon dos
A grands coups de couteau...

Je sais un creux de souche
Où habitent l'amour
Et la fidélité...
Il neige...
Que je voudrais aimer
Comme les deux perdrix
Dans le marais maudit !

J'ai traversé la mer
J'ai écrit des poèmes
J'ai pas manqué d'amis;
Aucune méchanceté
Que l'on m'ait reprochée
Où que je sois allé...

Alors, expliquez-moi
Pourquoi je suis sorti

Seul avec mon fusil
Hier...
Dans le marais joli
J'ai tué mes amis
Mes deux amis perdrix !

1955

JE CHERCHE UN ABRI POUR L'HIVER

LUI:

Je cherche un abri pour l'hiver
Un feu pour réchauffer mes doigts,
Ses amis, le faiseur de vers
Les perd quand s'avance le froid...

La source jolie en lumière
En novembre se cache sous terre,
Chanter est métier de misère
Quand on n'est pas oiseau dans l'air.

Je paierai imprévoyance
Hivernerai dans un igloo,
Connaîtrai la faim et la panse,
Panse vide de frère loup.

Mais reviendront l'or et la danse
Du soleil en parfum de mai
Alors vous dirai c'que je pense
Quand le roi viendra me chercher.

ELLE:

> Il cherche un abri pour l'hiver
> Un feu pour réchauffer ses doigts,
> Il croit être seul sur la terre
> A trembler de peur et de froid...
>
> La source jolie en lumière
> En novembre se cache sous terre,
> Chanter est métier de misère
> Car tu n'es pas oiseau dans l'air.
>
> Tu paieras imprévoyance
> Hiverneras dans un igloo,
> Connaîtras la faim et la panse,
> Panse vide de frère loup.
>
> Mais pour ce qui est de ton roi
> Qui viendra te prendre au printemps
> Je croirais en son bateau blanc
> S'il y avait place pour moi

LUI:

> Malgré que tu te ries de moi
> Il y aura place pour toi !

1960

© Editions Tutti et Archambault.

LITANIES DU PETIT HOMME

> ...et sur le chiffonnier
> à côté de tes bas

ma paye et mon tabac...
...et sous le tisonnier
une brassée de bois
pour illuminer la soirée...

...et depuis tant d'années
ton cœur qui ne dit mot...
le mien qui parle trop...

...ma hache à affiler
la maison à trouver
nos quatre mains ont bien travaillé...

...il vient au cinéma
le visage qui te plaît...
le mien qui est si laid...

...le loyer augmenté
Je t'aime plus que la vie
les jurons que j'ai dits aujourd'hui...

...j'ai mal à ton côté
tu as mal à mes yeux
c'est vrai... c'est faux... c'est les deux !

...et ce petit bouquet
tout frais dedans ta main
demain sera de l'engrais, ça c'est vrai...

...on est tout seul au monde
chacun dedans son corps
ensemble... chacun son bord...

...rendez-vous dans mille ans
plus loin que l'Italie
plus loin que ce pays...
...

Paris, 1958

© Editions Tutti et Archambault.

MES LONGS VOYAGES

Quand je sortirai
De ce pays vieux
Que sont mes naufrages

Quand je rentrerai
Dans ce pays neuf
Qui est ton visage

Alors je fermerai les yeux
Et je réveillerai
Mes équipages
Mes longs voyages

Quand j'étais fils de loup
Pieds nus sans corde au cou
Quand j'étais fils du vent
Etudiant, trafiquant
Quand j'étais chez les filles
Prince fou sans famille
Quand on m'a brisé l'os
De la mâchoire et quand
J'ai fui avec mes bosses

Au fond du continent
Pour éviter les fers
De mes frères
Les hommes

Je te raconterai
Que j'étais héritier
Du château du roi sourd
Qui au fond de sa cour
Pleurait pour que je chante
Pleurait pour que je vante
Ses rimes
Et ses crimes
Après me torturait
Après me médaillait...

Toute ma vie durant
Vivant dans l'irréel
Mam'selle,
Avec mes ailes
Frêles,
Fortes comm'cerfs-volants,

Je fus pan de nuage
La voile bleue au large
Qu'on ne peut mettre en cage
Qu'on harponne en riant

Les lettres et les livres
Les fuites, les écritures,
Les grimoires, les jésuites,
Les foires, les poires, les huîtres,

Les gloires et toute la suite
De larrons parasites
Collés sur mes talons,
Collés sur mes talents,
Crevant mes réussites
A grands coups de crayon,
Me haïssant d'aimer,
Me cernant, me jugeant,
Me piégeant, me blessant,
Me tuant...

Mais là-haut,
Au-dessus d'eux,
J'étais là-haut
Dans une étoile rouge
Leur faisant des grimaces
Et l'étoile était rouge
Parce que c'était du sang
Le mien,
Et le tien est venu...

Tous ces cheminements
Pour arriver à toi
Pour arriver souffrant.
Où étais-tu, mon âme,
Pendant cet heureux temps
De misère et de vent ?

Maintenant je m'assois
Et je vis avec toi
Qui as daigné mêler
Ton âge avec le mien.

En sortira un lien
Qui me vengera bien
En se tenant très près
Des hommes, faux ou vrais,
Ce que je n'ai pas fait;

Et se tenant très près
Surtout de sa mère,
Ce que j'aurais dû faire
Depuis que tu m'attends.

Maintenant je suis là.
Si demain je m'en vas,
Retiens-moi,
Rejoins-moi
Si je meurs,
Nous irons vivre ailleurs.

1965

LA VIE, L'AMOUR, LA MORT

(collaboration: Yolande B. Leclerc)

C'est beau la vie,
comme un nœud dans le bois
C'est bon la vie,
bue au creux de ta main
Fragile aussi,
même celle du roi
C'est dur la vie,
vous me comprenez bien.

C'est beau l'amour,
tu l'as écrit sur moi
C'est bon l'amour
quand tes mains le déploient
C'est lourd l'amour
accroché à nos reins
C'est court l'amour
et ça ne comprend rien.

C'est fou la mort,
plus méchant que le vent
C'est sourd la mort,
comme un mort sur un banc
C'est noir la mort
et ça passe en riant
C'est grand la mort,
c'est plein de vie dedans.

1962

LES ALGUES

On grandit comme l'arbre,
On durcit comme marbre,
Puis on se salit un peu
Puis on se passe dans le feu.

On s'accroche comme l'algue
On s'enfonce peu à peu
Et au-dessus de la vague
Toujours le silence bleu.

Mais retailles de misères
Plus un fil de mystère
Quelques pardons, du velours
Font un grand manteau d'amour.

J'ai vu traîne royale
Piquée d'or et d'étoiles
Manteau d'amour que le nom
C'étaient des pleurs et du plomb.

On est comme des algues
Qui dérivent la nuit
Sur le gros dos de la vague
Sans but, sans fin, sans bruit.

1964

FRANCIS

Francis, où vas-tu ?
T'effraies les enfants sur la rue,
Francis, ton chapeau
A l'air d'une env'loppe de coco.

Francis, où couches-tu ?
Dans l'étable comme le p'tit Jésus,
Francis, t'es tout nu
Pends-toi et qu'on n'en parle plus !

Francis, si t'as faim
Tu peux toujours manger du pain

Y'en a plein, tu vois bien,
Aux vitrines des grands magasins.

Francis, si tu veux
Tu vas patienter encore un peu...
Bientôt, le printemps
Viendra parfumer tes vêtements.

Tu vois bien qu'il se prépare
Derrière la montagne, il démarre,
Francis, tous les oiseaux du monde
Viendront te chanter une ronde

Prends courage, Francis...

1947

LA MER N'EST PAS LA MER

La mer n'est pas la mer...
C'est un gouffre sans fond
Qui avale les garçons
Par les matins trop clairs...

L'amour n'est pas l'amour...
C'est un faux carrefour
Où les filles entrent en chantant
En ressortent en pleurant...

La vie n'est pas la vie...
Mais triste comédie

Qu'il faut vite quitter
Avant que d'y goûter...

Moi je sais un pays
Qui est bien loin d'ici
Où la mer et la vie
Et l'amour sont unis...

...Où la mer et la vie
Et l'amour sont unis.

1949

TIRELOU

— « Je suis affligé d'une grande peine, Tirelou. »
— « Couche-toi dans ton lit, les poings sur la tête. »
— « Je n'ai pas de lit, pas de tête. »
— « Va-t-en à Paris ou casse des cailloux
Mais ne gâche pas ma semaine. »

— « J'étais à Paris, y'a deux ans à peine, Tirelou. »
— « Près de Notre-Dame, as-tu vu l'ami,
Le front bourré de connaissances ? »
— « Tant de mots sortaient de sa bouche à lui
Qu'il me fit perdre contenance. »

— « T'es-tu reculé jusque chez les bêtes, Tirelou ? »
— « Au l'ver du soleil, dedans la rosée,
Les chevaux m'ont fait une fête

Mais les châtelains ont failli m'tuer
Me prenant pour un loup-garou. »

— « Es-tu allé voir les hommes de science, Tirelou?»
— « J'y étais hier, mais n'ai pas compris
Pourquoi, comme une expérience,
Voulaient m'envoyer dans la lune qui luit
Avec mon nom écrit au cou. »

— « Peut-être au Japon tu trouveras l'ordre,
[Tirelou. »
— « Le Japon est loin mais j'ai une corde
Pour me pendre s'il n'y a rien. »
— « Y'a mieux, mon ami, prends la bêche en main
Aide-moi à planter mes choux... »

1957

MOUILLURES

Quand ils auront franchi ce terrible désert
Et que les mains tendues ils atteindront la mer
Une traînante barque les rejoindra bientôt
On les acceptera avec leurs misères
Ils cacheront leur corps sous un même manteau
Pareils à deux lierres à jamais enlacés
Qui mêlent leurs amours leurs bras leur chevelure
Ainsi nous glisserons à travers les mouillures
Bus par l'éternité, bus par l'éternité.

1946

AILLEURS

Je brise tout ce qu'on me donne
Plus je reçois et moins je donne
Plus riche que forêt d'automne
N'aide personne.
Bonheur m'alourdit et m'ennuie
Ne suis pas fait pour ce pays
Avec les loups suis à l'abri,
Clarté qui bouge et toi qui gigues
L'amour n'est pas sous tes draps blancs
Au fond des cieux où sans fatigue
Le vent...
Matin qui joue sur l'océan
Soir de gala rempli d'enfants
Ailleurs, cher amour, on m'attend.
Il faut que tu y sois aussi
Sinon je ne sors pas d'ici
Cent fois mourir homme dans tes bras
Que vivre dieu là-bas sans toi.
Te l'ai dit en janvier,
Te le dirai en août...

1964

LE BAL

Cette nuit dans mon sommeil
Je t'ai enlevée de ta tour,
J'avais dérobé le soleil
Pour que jamais n'vienne le jour;

Nous courions dans les prairies
Tes rubans volaient au vent,
Nous avons bu dans nos mains
A la source du matin.

A la porte d'un château
Nous sommes entrés sans frapper,
Des lutins tambours au dos
Nous attendaient pour danser;
Sous une lune d'opale
Nous avons ouvert le bal,
Moi qui a jamais su danser
J'ai dansé à perdre pied

Puis rendus à l'horizon
De beaux anges à cheveux longs
Ont avancé un nuage
Et nous ont poussés au large;
On voyait d'en haut la terre
Toute noire, pleine de misères
Toi tu as dit: « C'est nos frères,
Redonnons-leur la lumière. »

Donc nous sommes redescendus
Puisque le soleil je l'avais
A la foule je t'ai rendue
Et le matin s'est refait.
J'ai la promesse des anges
Qu'après le jug'ment dernier
On r'prendra ce bal étrange
Et pour toute l'éternité.

1946

UN NUAGE NOIR

(extrait des « Temples »)

Un étalon fougueux à dure crinière blanche
Et lui dessus soudé pâle comme un blessé
Plus triste que le soir
Ventre à terre, enchaîné il file vers le couchant
Il en ressort à l'aube, il entre dans la lune
Et rase la campagne.
C'est un nuage noir qui obscurcit les roses
Et qui fait peur...

1964

BLUES POUR PINKY

S'il y a des cloches pour les chiens qui meurent
que sonnent les cloches pendant une heure
il est mort de m'attendre au coin d'une rue
c'est tant pis pour moi, je n'suis pas venu

Pourtant j'avais dit au printemps
avec les fleurs, les vents d'avril
les hirondelles ont fait des milles
lui dire que j'étais au tournant

Il m'a attendu tout l'été, tout l'été
pour qu'ensemble on aille courir dans les champs
je lancerai dans la coulée
le bâton qu'il tient entre ses dents

Quand l'automne est venu, il a vu
que peut-être je ne reviendrais plus
il s'est r'culé au fond d'la cour
a pleuré la chute des jours

Un voisin lui a dit: « T'en fais pas
espère un peu, encore un mois »
un ami lui a dit: « Viens chez moi
j'ai des enfants, on te guérira »

Mais non, il a attendu la neige
et elle l'a pris, comme un sortilège
il a pensé: « Elle le ramènera »
mais j'ai failli encore une fois.

Et puis, écœuré de l'amour
des charités, des beaux discours
il s'est roulé au coin d'la rue
attendit qu'on lui passe dessus

s'il y a des cloches pour les chiens qui meurent
que sonnent les cloches pendant une heure
il est mort de m'attendre et je l'ai déçu
je mériterais qu'on ne m'aimât plus

Pourtant...

IV. LES QUATRE ÉLÉMENTS

LETTRE DE MON FRÈRE

C'est à perte de vue
Que j'avais du beau blé
Mais tu ne l'as point vu
J'en suis pas consolé.

Le petit du voisin
Qui était si joli
Est devenu vaurien
Depuis qu'il a grandi.

Si, on t'a attendu
Mais tu n'es pas venu,
T'aurais vu du beau blé
Maint'nant il est coupé.

J'ai r'tardé tant que j'ai pu
Avant d'couper mon blé
Mais quand l'froid est venu
A ben fallu l'couper.

La fille qui t'a aimé
Est une vieille à présent,
Si tu t'étais montré
Elle s'rait moins vieille sûrement.

Puis le feu a détruit
La maison des Bradley,
Avant qu'ce soit r'bâti
On s'ra tous enterrés.

La forêt à son tour
Où t'as gravé des noms,
La forêt d'tes amours
Elle l'a eu en plein front.

Nous autres on tue c'qu'on aime
C'est pas qu'une drôle de vie
Mais c'qui nous fait l'plus d'peine
C'est qu'tu sois loin d'ici.

C'est à perte de vue
Que j'avais du beau blé
Mais tu ne l'as point vu,
J'en suis pas consolé.

1953

HYMNE AU PRINTEMPS

Les blés sont mûrs et la terre est mouillée
Les grands labours dorment sous la gelée,
L'oiseau si beau, hier, s'est envolé;
La porte est close sur le jardin fané...

Comme un vieux râteau oublié
Sous la neige je vais hiverner,
Photos d'enfants qui courent dans les champs
Seront mes seules joies pour passer le temps;

Mes cabanes d'oiseaux sont vidées,
Le vent pleure dans ma cheminée
Mais dans mon cœur je m'en vais composer
L'hymne au printemps pour celle qui m'a quitté.

Quand mon amie viendra par la rivière,
Au mois de mai, après le dur hiver,
Je sortirai, bras nus, dans la lumière
Et lui dirai le salut de la terre...

Vois, les fleurs ont recommencé,
Dans l'étable crient les nouveau-nés,
Viens voir la vieille barrière rouillée
Endimanchée de toiles d'araignée;
Les bourgeons sortent de la mort,
Papillons ont des manteaux d'or,
Près du ruisseau sont alignées les fées
Et les crapauds chantent la liberté
Et les crapauds chantent la liberté...

1949

© Editions Raoul Breton.

LA GASPÉSIE

Y a au fond de la mer
des montagnes des ravins
des villes des cimetières
y a des épaves dans la mer
dans le creux
parmi les joncs aux grands doigts.

Y a des hommes dans la mer
des femmes qui dorment
y a des enfants dans la mer
pour couvrir tout cela
y a des vagues sur la mer
buveuses de lune

Y a des écumes aussi
des écorces des lettres déchirées
des fleurs à la dérive
y a des oiseaux au-dessus de la mer
des grands oiseaux blancs
avec des yeux comme des gouttes d'eau

des oiseaux sans voix
qui tournent en rond le bec ouvert
qui piquent soudain dans les flots immenses
les ailes collées le long du corps comme deux bras
qui bruissent en s'égouttant.

Y a des grèves autour de la mer
des coquillages et du sel
et de vieux marins qui ne voguent plus
qu'on a débarqués mais qui sont repartis
dans des voyages sans escale.

Y a le soleil sur la mer
et toi au bord
qui le regarde descendre dans l'eau.

V. LA PARENTÉ TZIGANE

MOI, MES SOULIERS

Moi, mes souliers ont beaucoup voyagé,
Ils m'ont porté de l'école à la guerre,
J'ai traversé sur mes souliers ferrés
Le monde et sa misère.

Moi, mes souliers ont passé dans les prés,
Moi, mes souliers ont piétiné la lune,
Puis mes souliers ont couché chez les fées
Et fait danser plus d'une...

Sur mes souliers y'a de l'eau des rochers,
D'la boue des champs et des pleurs de femme,
J'peux dire qu'ils ont respecté le curé,
L'pays, l'bon Dieu et l'âme.

S'ils ont marché pour trouver l'débouché,
S'ils ont traîné de village en village,
Suis pas rendu plus loin qu'à mon lever
Mais devenu plus sage.

Tous les souliers qui bougent dans les cités,
Souliers de gueux et souliers de reine,

Un jour cesseront d'user les planchers,
Peut-être cette semaine.

Moi, mes souliers n'ont pas foulé Athènes,
Moi, mes souliers ont préféré les plaines,
Quand mes souliers iront dans les musées
Ce s'ra pour s'y s'y accrocher.

Au paradis, paraît-il, mes amis,
C'est pas la place pour les souliers vernis,
Dépêchez-vous de salir vos souliers
Si vous voulez être pardonnés...
...Si vous voulez être pardonnés.

1948

PRIÈRE BOHÉMIENNE

A tous les Bohémiens, les Bohémiens de ma rue
Qui sont pas musiciens, ni comédiens ni clowns
Ni danseurs ni chanteurs ni voyageurs ni rien
Qui vont chaque matin, bravement, proprement,
Dans leur petit manteau,
Sous leur petit chapeau,
Gagner en employés le pain quotidien;

Qui sourient aux voisins
Sans en avoir envie,
Qui ont pris le parti d'espérer
Sans jamais voir de l'or dans l'aube ou dans leur
[poche,

Ces braves Bohémiens, sans roulotte ni chien,
Silencieux fonctionnaires aux yeux fatigués.

J'apporte les hommages émus,
Les espoirs des villes inconnues,
L'entrée au paradis perdu
Par des continents jamais vus;
Ce sont eux qui sont les plus forts
Qui emportent tout dans la mort.

Devant ces Bohémiens, ces Bohémiens de ma rue
Qui n'ont plus que la nuit pour partir
Sur les navires bleus de leur jeunesse enfuie,
Glorieux oubliés
Talents abandonnés
Comme des sacs tombés au bord des grands chemins;

Qui se lèvent le matin
Cruellement heureux d'avoir à traverser
Des journées
Ensoleillées, usées,
Où rien n'arrivera que d'autres embarras,
Que d'autres déceptions,
Tout le long des saisons,

J'ai le chapeau bas à la main
Devant mes frères Bohémiens.

1955

LE ROI VIENDRA DEMAIN

(d'après Tagore)

Au ruisseau me suis baigné
Comme font tous les bohémiens,
Fleuri mon coin de rochers
Car le roi va passer demain;
Je lui demanderai qu'il me donne
Une femme, une maison,
Peut-être un violon,
Une chèvre et du pain.

Me tiendrai au bord du chemin,
Chapeau à la main,
M'inclinerai dès qu'j'entendrai
Le pas d'ses chevaux.

Le roi est venu hier
A l'aube et j'étais derrière.
Pas dormi de la nuit,
Emu, tremblant et ravi;
Six bêtes blanches
Tiraient son carrosse lourd
Et couvert de soleil
Et de laquais et de velours.

Des grelots au cou des chevaux
Sortaient des oiseaux,
Quatre dames portant pierreries
Près de lui assises.

— « Bonjour, mon ami d'ici
    Salut, tu es mon ami.
    Si tu m'aimes comme tu le dis,
    Alors qu'as-tu à m'offrir ? »
    Moi qui croyais si dur
    Que le sable, le mur,
    En or seraient changés,
    Je lui ai donné ma pauvreté.

Au galop, il est reparti
Heureux, souriant;
Il laisse un homme derrière lui
Plus riche qu'avant...

1957

LE JOUR QUI S'APPELLE AUJOURD'HUI

Sans jamais y être allé, je sais ce qu'est le désert,
Entendre l'inconnu ricaner derrière soi
Et porter un cœur lourd, je sais cela...

Se nourrir de tendresse et en priver les autres
Et accuser tout bas le bon Dieu et sa mère
Vouloir mourir perdu comme un papier au vent
Depuis que j'aime, je sais cela,
Séparé d'elle, c'est tout cela...

Des rondeurs de montagnes, des torrents, des vallées
Milliers, milliers d'outardes qui font des trous dans
                                                    [l'air

Je sais cela...
De gros troncs d'arbres forts qui rentrent dans la terre
Jusqu'au fond de son ventre et dans les corridors
[secrets
Vont se mêler aux racines des sources,
Je sais cela...
Le pain, l'eau et le feu, les appeler ses frères
Dompter les hommes fauves, cultiver le silence
Parler d'éternité comme on parle d'amour,
Depuis que j'aime, je sais cela,
Car avec elle, c'est tout cela...

Mais un jour qui n'est pas venu
Et qui se fait dans les nues
Peut-être est-ce demain,
Peut-être l'an prochain ?
Il viendra, il viendra ici
Et si nous sommes endormis
Il nous réveillera et sera sans fin.

Non, il ne viendra pas, il appartient à la nuit
Faisons de celui-ci le jour que tu as dit,
Si tu veux faisons de notre vie
Le jour qui jamais ne finit
Qui s'appelle aujourd'hui...
...

1964

ELLE PLEURE

Elle cueillait des étoiles dans les champs labourés
Pour la fête de son bien-aimé.
Le ruisseau et le vent l'entouraient de ferveurs
Mais l'orage a tué son bonheur.

Elle, elle pleure, le panier à ses pieds brisé,
Elle pleure sans se consoler.
Son ami, dans la nuit, cette nuit, est passé
Enlaçant une fée voilée.

Elle, elle pleure, sa chanson tout heureuse est morte,
Dans les champs, la fête est manquée.
Son ami, celui qu'elle adorait, la sotte,
C'est celui qui vient de chanter...

Elle cueillait des étoiles...
...
...

1957

© Editions Tutti et Archambault.

TZIGANE

De l'eau
de l'air
et du feu
Un cheval
de la laine

Un abri
du temps
un ami
Le roi n'a pas cela.

C'est injuste, il le sait lui et il rage et il crie
Mais le pauvre qui n'a pas d'habit pas d'ouvrage
[rage aussi.

Alors, tzigane, joue
Tu es l'eau
et la laine
et le feu
Et puisque tu es aussi le vent
Après, tzigane, va-t-en...

mai 1966

SI TU CROIS

Si tu crois que tu m'occupes,
Tu es plus sotte qu'un pigeon;
Mais si tu crois que je t'aime,
Tu es folle comme un dindon.

Prends la porte avec tes hardes
C'est pas moi qui te pleurerai...
Je dis ceci par bravade,
Toi partie, j'en mourrais.

Je mens encore,
Comme c'est pas bien...

Vends tes trésors
Aux bohémiens.

Je t'ai donné un bouquet,
Parce qu't'étais sur mon chemin...
Le bel habit que je mets
C'est pas pour moi, mais mon chien...

La vérité, quand tu passes
Je te suivrais jusqu'à la mort...
C'est mensonge, toi quand tu passes,
C'est ma vie qui passe alors...

Ah ! c'est vite fané
Une vie...
Ah ! oui c'est vite fini
Le voyage...

...

1959

PERDU, GAGNÉ

Et le temps coule, de rien je ne suis maître,
Perds le contrôle, perds la raison.

Gagné quatre millions aux courses
Perdu la tête et mon capot
Et le vin coule tant qu'y a d'quoi dans la bourse.
Perdu mon lot et mon hameau.

Perdu le temps gagné d'avance,
Gagné le temps perdu hier,
Gagné la guerre, le ciel et les vacances,
Perdu ma femme et l'appétit.

Perdu l'adresse de mon père,
Gagné la frontière où je suis
Et les trains filent jusqu'au bout de la terre,
Moi sur le quai, tout gris, assis.

J'aurais mieux fait d'étudier la musique
Et d'gagner le cœur d'mon pays.
Perdu le nord, passeport et dans ma fuite
Trouvé ce conte au fond d'un puits.

1959

LE TRAVERSIER

Je suis traversier de la rivière bleue,
Je prends à mon bord tous les fous amoureux...
Et vogue, mon chaland, où tu veux aller
Peut-être ce voyage sera le dernier...

Son chaland est gris comm'un vieux caillou
Il est sans gouvernail, ses poulies sont tordues;
Un châle à franges d'or claque au vent de proue,
L'époque de sa gloire, ou n'en parle plus.

Il fut baptisé, ce vieux fou de bateau,
Son nom sur les deux flancs est écrit à la chaux;

A l'envers dans l'eau bleue, on peut lire: MARIE
Les enjôleuses vagues le savaient aussi.

Son chaland a brisé ses mâts et pavillons
Le jour où dans les flots sa dompteuse est partie...
Aujourd'hui, quand il passe, de la grève on dit:
Un beau jour ce sabot glissera au fond.

1944

CHANSON DE NUIT

Un trottoir dans la nuit,
Un enfant sous la pluie
Des messieurs sans esprit
Des maisons qui s'ennuient
Un oiselet tout gris
Qui pleure sur son nid
Voilà ce que je lis
En passant par ici.

Autrefois par ici
Montaient des mélodies
Les fleurs avaient la vie
Les rues étaient jolies
Maintenant c'est fini
Les cloches sont parties
Depuis que mon amie
A quitté le pays.

Au trottoir dans la nuit
J'abandonne mes cris
En suivant sous la pluie
Mon oiselet tout gris
Peut-être qu'aujourd'hui
Tout au fond du pays
Bien loin de cette vie
Je trouverai ma mie.

1946

ERRANCES

SUR LES COTES D'ITALIE

Thalie

CELLES DU LABRADOR

adore

ET MEME A TEL-AVIV

la vie

LE TEMPS CREUSE LA NEIGE

n'ai-je

LE VENT DE ROCQUEMORT

que mort

SOUFFLE SUR TADOUSSAC

en sac

ET SE PERD EN NORVEGE

vais-je

HIER A ALBANY

banni

JE SUIS AUSSI PERDU

perdu

AUJOURD'HUI A BOMBAY
                              tomber
JE VAIS A CONTRE SENS
                              sans
DE LA COTE D'IVOIRE
                              voir
AUX PORTES D'AMSTERDAM
                              madame
SANS TROUVER DE PAYS
                              haï
UN EXILE JE SUIS
                              je suis
COMME VOILE D'YSEULT
                              et seul
SUR LA TERRE ETRANGERE
                              j'erre
JE CHERCHE MON PAYS.

© Editions Métropolitaines et Archambault.

VI. LA TRADITION DE L'HUMOUR

LE TRAIN DU NORD

Dans l'train pour Sainte-Adèle
Y'avait un homme qui voulait débarquer
Mais allez donc débarquer
Quand l'train file cinquante milles à l'heure
Et qu'en plus vous êtes conducteur !

Oh ! dans l'train pour Sainte-Adèle
Y'avait rien qu'un passager,
C'était encore le conducteur,
Imaginez pour voyager
Si c'est pas la vraie p'tite douleur...

Oh ! le train du Nord !
Tchou, tchou, tchou, tchou,
Le train du Nord,
Au bord des lacs, des p'tites maisons,
Ça vire en rond...
Le train du Nord,
C'est comme la mort
Quand y'a personne à bord

Oh ! le train pour Sainte-Adèle !
En montant la côte infidèle

Le conducteur et puis l'chauffeur
S'sont décidés à débarquer
Et l'train tout seul à continué,

Oh ! le train pour Sainte-Adèle
Est rendu dans l'bout d'Mont-Laurier,
Personne n'a pu l'arrêter
Paraîtrait qu'on l'a vu filer
Dans l'firmament la nuit passée,

Oh ! le train du Nord
Tchou, tchou, tchou, tchou,
Le train du Nord
A perdu l'nord,
Rendu l'aut'bord,
Le train du Nord
A perdu l'nord
Et c'est pas moi qui vas l'blâmer
Non, non, non !

1946

LES MOUTONS SUR LA RIVIÈRE

Dans le comté d'Saint-Jean
Y'a une petite rivière
et 25 moutons blancs
qui broutent de l'eau claire
si vous voulez savoir
qui donc les a noyés

écoutez bien l'histoire
de Jeannot le berger
et d'Margoton la fière qui brisait tout
le cœur des gars surtout

Donc Jeannot l'aimait bien
mais il ne disait rien
« des lourdauds comme toi
y en a sous tous les toits »
Près d'ses moutons de laine
il nourrissait sa peine
il effeuillait sur l'eau
les fleurs de son chapeau
n'osant lever les yeux un peu plus haut
où se baignait Margot

A la lune nouvelle
il dit à ses moutons
« J'vous laisse à Margoton
soyez gentils pour elle »
il piqua son bâton
parmi les violettes
et fit un grand plongeon
en criant dans sa tête
« j'aime encore mieux le cœur de la rivière
que celui d'Margoton »

Margoton rassembla
tous les moutons d'Jeannot
et dit « v'nez mes agneaux
ne vous affolez pas »
mais tous jusqu'au dernier

en partant du premier
plongèrent à la filée
un à un sans s'tromper
et laissèrent sur le sol
une femme folle
courbée sur un bâton
et laissèrent sur le sol
une femme folle
la folle des cantons.

ATTENDS-MOI, « TI-GARS »

La voisine a ri d'nous autres
Parce qu'on avait douze enfants,
Changé son fusil d'épaule
Depuis qu'elle en a autant...

Attends-moi, ti-gars,
Tu vas tomber si j'suis pas là
Le plaisir de l'un
C'est d'voir l'autre se casser l'cou...

Quand le patron te raconte
Que t'es adroit et gentil
Sois sûr que t'es le nigaud
Qui fait marcher son bateau.

Il est jeune, il est joli
Il est riche, il est poli

Mais une chose l'ennuie
C'est son valet qu'a l'génie.

L'argent est au bas d'l'échelle
Et le talent par en haut
C'est pourquoi personne en haut
Pourtant la vue est plus belle.

Parc'que j'avais pas d'manteau
J'ai pris la peau de mon chien
Tu vois, y'a pas plus salaud
Que moi qui chante ce refrain.

Quand on me dit: va à drette
C'est à gauche que je m'attelle
Vous qu'aux enfers on rejette
On s'reverra peut-être au ciel...

Couplets censurés

La veille des élections
Il t'appelait son fiston
Le lend'main comme de raison
Y'avait oublié ton nom

Quand monsieur l'curé a dit
Qu'la paroisse est pleine d'impies
C'est pas à cause des péchés
C'est qu'les dîmes sont pas payées...

1956

© Editions Archambault et Tutti.

LA CHANSON DU PHARMACIEN

La fille en coupant son pain
S'est coupée dedans la main
Affolée, en criant,
A couru chez l'pharmacien.

Rendue chez le pharmacien
On cherchait un assassin
Qui v'nait d'tuer le pharmacien
Dans un coin.

Quand la fille est arrivée
On l'a d'abord soupçonnée
On lui a barré l'chemin
A caus' du sang dans la main.

« Mais c'est en coupant mon pain
Que j'me suis coupé la main ».
Les voisins, l'œil en coin,
Disaient: « C'est pas bien malin ».

Elle a dit: « Bande de crétins
Je vais vous faire voir le pain ».
Mais le pain y'en avait point
Il était dans l'ventre du chien.

Elle a ri et elle a geint,
Que pensez-vous qu'il advint ?
On l'a mise dans le moulin
Elle sera pendue demain...

Quand vous couperez le pain
Ne vous coupez pas la main,
Surtout si un assassin
Vient de tuer le pharmacien...

1954

LE QUÉBECQUOIS

C'était un Québecquois
Narquois comme tout Québecquois
Qu'on trouva pendu l'autre fois
Sous la gargouille d'un toit..

Il était amoureux,
Ça rend un homme bien malheureux
Ecoutez son histoire un peu,
Après vous rirez mieux.

La fille lui avait dit puisque tu m'aimes,
Fais-moi une chanson simple et jolie
Le gars à sa table toute la nuit
Trouva ce que je joue à l'instant même...

C'était bien, mais il mit des prouchkinovs
Des icônes, d'la vodka, des troïkas...
Et hop et galope dans les neiges de Sibérie
Petersbourg et la Hongrie.
Y'avait là Nitratchka, Alex et Prokofief,
Molotov et Natacha.

La fille écouta ce méli-mélo
Et dit: « c'est loin et c'est trop ».

Le pauvre Québecquois
Pas même remis de son émoi,
Se replongea dans les bémols
En arrachant son col...

Il était amoureux,
Ça rend un homme bien courageux,
Il pensa trouver beaucoup mieux
Avec cet air en bleu...

...Blues, Tennesse
Brooklyn, California
Blues, apple pie
Alleluia, Coca-Cola.

La belle bien-aimée
En entendant ces boos-là
Fut si grandement affolée
Qu'au couvent elle entra...

Le pauvre Québecquois
Découragé, saigné à froid
Gagna son toit par le châssis
Et s'y pendit.

Par les matins d'été
Quand les oiseaux vont promener,
Derrière la grille du couvent
Monte ce chant troublant...

C'était un Québecquois
Qui voulait me célébrer,

Hélas ! il avait oublié
De m'regarder...

Rest'in pace...

1943

© Editions Archambault et Tutti.

L'HÉRITAGE

A la mort de leur mère
Tous les fils sont venus
Pour parler au notaire
Afin d'avoir des écus.

Refrain

Chapeaux noirs
les yeux dans l'eau
Les mouchoirs
les gros sanglots
Rage au cœur
couteaux tirés
Gerbes de fleurs
Miserere...

Les bons de la victoire
Disparurent en premier
Et les fonds de tiroirs
Etalés sur le plancher.

Refrain

— « Moi, je prends la maison
Je suis l'aîné des garçons. »
— « Non toi, ce s'ra l'piano
Emporte-le donc sur ton dos. »

Refrain

— « La terre, voyons, notaire,
On s'la divise en lopins. »
— « Non, c'est pas nécessaire
Elle l'a donnée aux voisins. »

Refrain

— « Dites-nous donc, les bâtiments
Qui c'est qui va'n'hériter ? »
— « C'est écrit dans l'testament
Qu'ça va aux œuvres de charité. »

Refrain

Le fils qui est méd'cin
Hérite du râteau à foin,
Celui qui est aviateur
D'une paire de bœufs sans valeur.

Refrain

Béatrice voulait le veau
C'est Siméon qui l'a eu
Donc elle a ouvert le clos,
V'là l'orphelin dans la rue.

Refrain

L'engagé d'la maison
Reste collé avec l'horloge
Dans l'tic-tac de l'horloge
Etait roulé un million...

Chapeaux noirs
les yeux dans l'eau
Les mouchoirs
les gros sanglots
Rage au cœur
couteaux tirés
C'est la vieille qui a gagné...

1957

TOUR DE REINS

...un cours d'eau	... vieux chapeau
un canot	vieux manteau
un corbeau	vieille auto
sur son clôt	vieil anneau
et sa peau	vieux grelot
de chevreau	vieux finaud
sur ses os	vieux marlo

Y'a l'tour de chant, le tour de reins, le tour
[du monde
Le tour à bois, le tour qu'on joue, le tour d'auto
Le tour de taille, le tournevis, le tourne-broche

Le tourtereau, le tourangeau, le tour à tour
Y'a l'tourniquet, le tournedos, le tourne-disque
Le tourne à gauche, le tourbillon, le tournesol
Tour de cochon, tour d'horizon, tour de Babel
Y'a l'tour de ça, un tour de main et l'tour est joué

...un pigeon
un poêlon
un abri
et la pluie
et un rond
d'illusion
sur le front

...un ami
un fusil
un perron
un cruchon
c'est la vie
que m'envie
le roi Louis

Y'a l'fil de fer, le filament, le fil à r'tordre
Le fil d'argent, le philanthrope, le fil de l'eau
Fil conducteur, fil d'Ariane, fil de la Vierge
Le philistin, le fil de soie, le film muet.
Y'a l'filet d'voix, le filet d'pêche, le philosophe
Filtre pour l'eau, fil barbelé, philtre d'amour
Filouterie, filasserie et Philomène
Fil à fuseau, philatélie, file ton chemin

© Editions Tutti et Archambault.

LE LOUP

Cette nuit, à mon carreau,
Toc-toc, deux fois, à petits coups,
Prudemment tiré l'verrou,
C'était le loup, griffe au chapeau.

Armé d'un fusil,
D'un fusil rouillé
Le poil tout crotté,
Assis sur le puits.

Qui m'dit: « tu te joins à nous,
On fait la ronde, on fouille partout
Pour trouver le crétin d'salaud
Qui t'a volé un d'tes agneaux. »

Puis il pousse un cri,
Un grand cri de rire...
Pendant qu'il s'enfuit
Moi, je m'évanouis...

Après j'ai r'poussé l'verrou,
L'âme malade, la honte au cou,
Sur la table, près du couteau,
L'gigot d'agneau, l'gigot d'agneau !

1960

Alors il entr'chez lui
Son feu est éteint
Sa femme est partie
Depuis le matin,
Elle a pris aussi
Les économies
Qu'il se gardait
Pour bâtir un chalet.

Monsieur le curé
L'a bien vu passer
Le fusil chargé
Et les yeux méchants,
Lui a dit: « attends,
Fais pas l'insensé,
Avant de tuer
Il faut y penser. »

Mais le cœur de Jean
Est bouillant, ses dents
Lui mordent le sang,
Il s'informe aux gens
Où est sa moitié,
On lui dit: « voleur
Jamais n'a crié
Lieu de sa demeure. »

Je la trouverai
Dussé-je marcher
Pendant seize années
Sur les continents,

Dussé-je nager
Tout le Saint-Laurent
Je la trouverai
Et la punirai.

Il marcha cinq ans
Il fila deux ans
Un pauvr'innocent
Il perdit son temps,
Revint dans son champ
Vieilli de cent ans,
Sur le sol s'étend
Et meurt en sacrant.

Monsieur le curé
Voulut expliquer
Que la femme Chloé
S'était pas sauvée,
Elle s'était coincée
Dans la cheminée
En voulant cacher
L'argent ramassé.

Cette explication
D'un jeune ramoneur
Qui, dans la maison,
Découvrit l'horreur
Mit un point final
A cette chanson
Que chantait au bal
Un vieux polisson.

1946

LES CINQ MILLIONNAIRES

Le premier des cinq millionnaires
Attend sa femme depuis vingt ans,
Ses larmes ont fait dans le parterre
Un ruisselet qui va chantant.

Le deuxième, lui, a la peau bleue,
C'est un p'tit vieux bien malheureux
Tout souffreteux, tout toussotteux
Plié en deux près de son feu.

Le troisième, lui, c'est un acteur,
Très beau, très fier et méprisé
Botté, casqué, il joue l'empereur
Dans son miroir à la Santé.

Le quatrième s'est fait voleur,
Pour dépister les autres voleurs;
Il paraîtrait qu'il a tué
Dans la montagne, il vit traqué.

Le dernier, lui, est embêté,
Il donne argent à pleines mains
Il parle de se suicider
Plus il en donne plus il en vient.

Qu'attendons-nous pour inviter
Ces pauvres riches à dîner
Afin qu'ils aient de cette terre
Une autre idée que la misère...

1960

© Editions Tutti et Archambault.

LA GIGUE

Quand le mari s'est noyé
Sa femme giguait au bord de l'eau,
Quand le mari s'est noyé
Chez Pierre il faisait chaud.

Quand le mari s'est noyé,
Il était avec le Gros-Louis,
Quand la barge a chaviré
Gros-Louis s'est réchappé.

A la gigueuse il a dit:
« Vient de se noyer ton mari ».
Elle a dit: « qu'est-c'que tu dis,
Moi j'danse toute la nuit. »

Gros-Louis a dit: « ma chérie,
C'est avec moi qu'tu vas danser »,
Par le jupon il l'a prise
Et s'est mis à tourner.

Tout'la nuit on a tourné,
Ils étaient tous deux enlacés,
Ainsi jusqu'au p'tit matin
Dans l'étroit magasin.

Donc Pierre a dit à Gros-Louis:
« Je crois que c'est assez tourné,
Lâch'la femme de ton ami
Vois qu'elle est fatiguée. »

Gros-Louis a fini son pas
Il s'est arrêté près d'la porte,
A desserré ses deux bras:
Est tombée...
est tombée
est tombée...
une...
MORTE...
...

1945

© Editions Raoul Breton

LA FÊTE

J'ai nettoyé, décoré ma maison
Et fait deux bancs de bois
Je frotte, je lave du plancher au pignon
Depuis un demi-mois.

J'attends Thérèse, Patricia, Gaston
Eloi, Nénette et ses bessons;
Mon frère aussi m'a dit qu'il y sera
Avec sa fille Clara.

J'attends Ti-Gus et monsieur le curé,
Les deux Bastien et Jokum le barbier,
L'institutrice avec le menuisier,
Quinze étudiants et des dizaines d'enfants.

Je suis heureux de m'être fendu en quatre,
Ce sont tous gens que j'aime
Et bonne idée qu'une politesse je fasse
Avant temps de carême;

Ach'té une nappe avec feuillage dessus,
Emprunté tout, jusqu'aux chaudrons,
Fait cuire jambon, une dinde cuissue,
Pendu l'fanal au chevron, ron.

A boire aussi j'ai prévu caribou,
Un vin très doux pour elle,
Chansons à boire, à danser, à rêver,
Evidemment que j'me suis endetté...

...Six heures, neuf heures, personne...
Voilà dix heures qui sonnent...
Personne n'est v'nu
Personne n'est v'nu...
Et j'ai nuité, et j'ai nuité...
...Tout seul...

1963

VALSE À JOSEPH

Jo, l'habitant du fond d'l'Ile d'Orléans
Att'lait ses chevaux un matin de printemps,
Parc' qu'la lumière faisait l'amour au vent
Les chevaux ont pris l'mors aux dents.

De sa fenêtre, la voisine,
D'rire et d'nouer sa « capine »
De ram'ner les percherons
Sains et saufs à la maison.

« Merci, Mam'selle, votre nom c'est Jeannette ?
Z'avez une voix qui sait parler aux bêtes ! »
« Oui, M'sieur Joseph, j'ai bonne envie d'vous l'dire:
A bête comme vous, ça m'plairait d'obéir... »

Elle a mis son jupon d'soie,
Joseph ses gants de chamois,
Grosse noce chez M'sieur Létourneau
Ensuite le tour de traîneau

Tout l'tour de l'Ile et l'on lire et lon lo
Qui dure depuis vingt-cinq ans ce matin,
Y'en ont usé des roues et des patins
Pour qu'le bonheur reste au clos

     Y faut

Des Jeannette et des Ti-Jo... ici
Les oies le savent, les enfants... aussi
Les cerfs-volants et les filles... aussi
C'est le fou d'l'Ile qui m'la dit... ici.

1964

© Editions Tutti et Archambault.

SUR LA CORDE À LINGE

Dansent la ch'mise à Jean-Pierre su'a corde,
Le chandail à Dilon, lon, lon,
La culotte à Monique aussi
Et les bas bleu-blanc-rouge du fiston
Le bonnet de grand-mère su'a corde
Et les trois édredons, don, don,
Nipperi, napperon, ron, ron,
Et la veste en mouton à Gaston

Que touchent les mains du vent ?
Que regardent les yeux du soleil ?
Que chante la flûte de la nuit ?
Vous l'avez deviné:
Sacrée Monique !

Dansent la ch'mise à Jean-Pierre su'a corde
Le chandail à Dilon, lon, lon,
La culotte à Monique aussi
Et les bas bleu-blanc-rouge du fiston
Le bonnet de grand-mère su'a corde
Et les trois édredons, don, don,
Nipperi, napperon, ron, ron,
Et la veste en mouton à Gaston.

1963

© Editions Tutti et Archambault.

DO, RÉ, MI

J'ai retrouvé ma p'tite chanson perdue
Assise sur ma chaise
En équilibre se tenait la clef de sol
Sur son genou dodu
Do répétait de sa hanche à son cou
Et faisait du trapèze
J'ai remonté jusqu'au creux de son bras
Mi y était déjà.

Sur sa cheville j'ai trouvé un bémol
Qui riait comme un ange.
« Viens t'amuser et rejoins sur sa gorge
Le *mi* qui dort debout. »
Où est le *la* ? il est là voyons donc,
Ah, *si* vous saviez où !
Il sort souvent de son diapason
On comprend ça itou.

Maintenant que j'ai un coussin pour mon *ré*
J'peux passer aux dièses
Y'en a vingt-six comme des fils au buisson
Des roux, des argentés
J'en prends quatorze, j'y rajoute un bécarre
Voyez l'accord que j'ai
Et le point d'orgue, vous l'avez deviné,
A cheval sur son nez.

Je croyais aussi qu'un couplet suffirait
Mais le *fa* en colère
Me dit: « Félix, une chanson sans *fa*

Ça ne se *fa* plus guère ».
Je l'ai posé sur le bout de ma langue
Et mis dans son oreille.
Voilà qu'de *mi* j'ai dérangé l'sommeil
Voilà le *sol* qui tremble.

Aidez-moi donc, je suis comme la flûte
Qui ne peut plus déchanter.
J'ai réveillé le peuple des septièmes
Qui rêvent de vengeance.
C'est plein de croches dans ce vaste clavier
En bandes sortent les blanches
J'ai bien trop peur de faire une symphonie...

la je finis ici
mi, reste où tu es
si tu veux voir les sphères
colle ton *do* au *sol*
*ré*apprends la musique
et c'est ce que je *fa.*

août 1966
© Editions Tutti et Archambault.

VARIATIONS SUR LE VERBE DONNER

Il est normal que l'arbre donne des fruits
la moutonne sa laine
la grand'mère des nouvelles
l'amoureuse sa main

Il est normal que le sel donne soif
que la mort donne un choc
et qu'on donne du pain
aux pigeons citadins

Un coup de pied donné
et s'il est bien donné
souvent est pardonné
après quelques années

Donner de l'herbe
la nature le fait
ne rien donner
tous les hommes le font

Je donnerais ma mise
mon lit et ma chemise
s'emploie chez les gens qui s'aiment
à longueur de semaine

donner son sang parfois
donner sa vie aussi
or, donner sa maison
déjà ne se dit plus

Il me donne des frissons disent toutes les filles
et moi la chair de poule disent toutes les mères
Tu me donnes du tabac, je te donne deux heures
il me donne du fil à retordre, je lui donne mon avis

Moi je connais un homme
qui n'doit rien à personne
qui sait tout mériter, qui jamais n'a reçu
plus que donner ses yeux plus que donner sa vie
il m'a donné d'un coup 22 ans de sa vie
il m'a donné son parapluie

C'était un bout de bois avec le petit toit
Qui s'ouvre et qui se ferme par un jeu de baleines
La continuation de sa main, sa raison
sa canne, son témoin, son arme, sa défense
et sa sécurité.
Il se l'est amputé comme on donne son cœur:
« Voilà, je te le donne, je boiterai peut-être,
je perdrai l'équilibre. »
Si vous voulez savoir si un homme vous aime
Attendez qu'il vous donne
Son parapluie.

BON VOYAGE DANS LA LUNE

(valse pour demain)

Partez, messieurs,
Bon voyage dans la lune
Et couvrez bien vos oreilles...
On dit que froide est cette partie des cieux
Mais qu'on y vit mille ans
Au lieu de cent.

Paraît aussi qu'dans les dunes
Poussent des fruits
Qui redonnent la jeunesse
Emportez des cassots, des manteaux
Et pêchez des étoiles dans l'éther.

Moi et ma mie
Nous resterons ici
Dans le château des patrons,
Ferons de l'Ile
Un grand jardin fleuri
Avec des arbres
Pour qu'y grimpent nos garçons.

Partez rassurés
Pour ce qui est de nous
Vous enverrons des visions
Promettez-nous
Surtout
De n'pas revenir
Prendrons bien soin de vos possessions.

Prisons deviendront cages à lapins
Ouvrirons tous les hôtels,
Y coucheront les poules et les gazelles
Et les chiens et les p'tits pots de miel.

Plus de banques
Plus d'écoles
Plus de frontières
Plus de procès
Plus de lois
Les morts qui marchent,
Nous vous les enverrons,
Ce qui veut dire
Que peu nombreux serons.

Partez messieurs
Bon voyage dans la lune,
Enfin je vais aimer ma belle !
Sors, mon amour,
N'aie plus crainte des pièges,
Le mal est parti avec les hommes.

Deviendrons libres et dieux
Et sereins
Et nous rirons d'innocence
Et un matin grand'visite sur l'perron
L'ange Gabriel qui jouera du clairon.

Oh, l'beau matin
Qui s'en vient,
Pan, pan, pan,
Pan, pan, pan, pan,
Pan, pan, pan !

février 1966
© Editions Majestic et Archambault.

L'IMBÉCILE

Il est parti en fouettant ses chevaux,
Son grand manteau pendait hors du traîneau,
A l'épouvante, sa rage dans son dos,
Il est r'venu avec des tas d'cadeaux...

Mais... sa maison était vide
Et l'amour, froid, envolé comme neige au vent,
Fou, affamé et mordu comme loup
Il s'est jeté à mon cou.

Je lui ai dit cent fois que la femme est fragile,
Plus que la fleur de mai,
Cet imbécile...

Il est r'parti en fouettant ses chevaux,
Son grand manteau pendait hors du traîneau,
A l'épouvante, sa rage dans son dos,
Il est r'venu avec des tas d'cadeaux...

Mais... ma maison était vide
Et l'amour, froid, envolé comme neige au vent,
Fou, affamé et mordu comme loup
Me suis jeté dans un trou.

On me l'a dit cent fois que la femme est fragile,
Plus que la fleur de mai,
A moi l'imbécile...

1962

VII. PROPOS SUR L'AMOUR

LA VIE

Plus fragile que la feuille à l'arbre
la vie
Plus lourde que montagne au large
la vie
Légère comme plume d'outarde
si
Tu la lies à une autre vie
ta vie.

30 septembre 1966

DIEU QUI DORT

Aube qui luit
Jour qui plie
Nuit qui suit
Temps qui fuit.

Blé qui meurt
Loup qui mord
Fille qui pleure
Dieu qui dort.

Si tu voulais m'attendre un instant seulement
Déposer ton bonhomme à quelque carrefour
Que je lui parle en homme, un matin au détour
Je te demande en somme un arrêt dans le jour.

Si tu voulais descendre que je te voie de près,
Si tu voulais m'entendre, moi qui te crie après,
Depuis que je te suis, depuis que j'ai la vie
Doute-toi donc un peu que je suis malheureux...

Mais tu dors
Tu m'ignores
Tu es fort
Tu as tort.

Orgueilleux
Vent de glace
On te veut
Tu t'effaces.

Tu marches sur les eaux, tu coupes les orages
Mes doutes, mes naufrages, tu les as dans le dos
Suppose que mes rages proviennent de ton jeu
Mais lâche un peu le large, et descends dans mon
[creux.

J'aurais été ton chien, l'ombre de ton tilleul
Ton bien, ton pain, ta main, ton verre et ton
[filleul
Mais tu t'en vas tout seul et je n'existe pas
Pas plus que la meule au fond d'un débarras.

C'est fini
J'ai compris
Insoumis
Moi aussi.

Serai roi tout-puissant, solitaire et méchant
Distributeur de feu, maître des firmaments
Avec des légions de démons-cavaliers
Qui te secoueront et te feront trembler...

Si tu viens
Serai rien
Que la trace
Sous ton pied

Si tu viens
Serai rien
Que du sable
Dans ta main.

ÉCHO

J'ai crié son nom à travers les champs
L'écho m'a dit: « Ici, y'a trop de vent »...
J'ai crié son nom à travers les bois
L'écho m'a dit: « Tu te moques de moi »...
J'ai crié son nom à un vieux rocher,
Lui, il m'a dit: « Je sais la vérité,
Celle que tu aimes est cachée
Et tu ne peux la retrouver »...

Alors, je m'suis assis
Sur le bord de la mer
Et à ma douce amie
Qui n'est plus de la terre

J'ai lancé cette chanson
Sur l'eau, l'air et le vent
Partout tout à la fois
Pour qu'elle entende ma voix,
Afin qu'elle se rappelle
Que je suis derrière elle
Que je suis sans nouvelles
D'elle...

1947

DEMAIN, SI LA MER

Demain, si la mer est docile
Je partirai de grand matin,
J'irai te chercher une île,
Celle que tu montres avec ta main.

Je la ceinturerai en filet,
La traînerai près du grand quai.
Tu l'offriras au jour
En l'honneur de nos amours...

Si l'océan frémit
Au toucher de ton doigt,

Que penser mon amie
Quand tu te donnes à moi ?

Passerai-je la nuit
Immobile comme marbre
Si tu prends comme lit
Mon hamac sous les arbres ?

Quand ils t'ont aperçue,
Les oiseaux en folie
Ont envahi la rue
Et reculé la nuit.

Les fleurs de mon jardin
Se sont déracinées,
On les voit le matin
Dans l'air se promener.

Viens nous nous coucherons
Sous le même manteau,
Nous nous endormirons
Liés comme roseaux.

1946

LA COMPLAINTE DU PÊCHEUR

Je n'attacherai pas tes ailes
Avec de gros anneaux de fer
Malgré que tu sois infidèle
Pendant que moi je suis en mer...

Pas plus je ne tuerai les hommes
Qui te pourchassent comme chien,
Je ferai bien plus simple, en somme,
Et puis ça n'aura l'air de rien...

Vois le bateau là-bas
Qui charrie la cannelle,
Je le prendrai quand il me saluera,
Ce soir, à l'heure de la chapelle.

On te célébrera
Dans les nuits de la baie
Et puis quand tu seras par trop usée
Dans l'eau on te culbutera.

Je sais aussi que mes paroles
Te font sourire, rien de plus,
Je veux te dire, ma pauvre folle,
Qu'un jour je ne t'aimerai plus...

...Je veux te dire, ma pauvre folle,
Qu'un jour je serai disparu.

1946

PRÉSENCE

Tu dis que le traîneau de nos amours
Est dans la cour;
Je regarde dehors
Et ne vois que la mort.
Tu dis qu'au grand galop notre cheval

Est revenu;
Des bergers qui l'ont vu
L'ont ramené de mal...

Ni cheval ni traîneau dehors
Ni foulard sur la neige,
Pourquoi troubler mon pauvre corps
Avec tes sortilèges ?

Tu dis que le gazon dessous la glace
Est resté vert;
Je creuse à cette place,
Ce n'est que foin amer.

Tu dis que la chaloupe, la nuit,
Fait des chansons;
La chaloupe est au fond,
Chez les noyés, ma mie...

Peut-être que les feux de bûches
Et notre maison blanche,
Peut-être que le miel, la huche
Etaient de faux dimanches...

Tu t'obstines à trouver que les rosiers
N'ont pas changé;
L'hiver les a brisés,
L'hiver les a gelés.

Comme la feuille rouge que le vent
A emportée,
Les fées s'en sont allées
Sur un nuage blanc.

Tu me dis que rien n'est fini
Et que tout recommence,
Que le mois d'août est sur le lit
Entouré de silences...

Si je vois le printemps venir derrière
Mes rideaux
Je croirai ton traîneau,
Ton cheval et ta mer,

Si les sources ramènent les grenouilles
Dans l'étang,
Je prendrai deux quenouilles
Et ferai un serment,

Le serment de t'aimer toujours
Malgré les poudreries,
Le serment de croire en ce jour
Qu'il soit d'or ou de gris.

Tu apportes dans mon grenier
Le rêve qu'il me faut
Comme la douce sève
Qui nourrit l'arbrisseau.

Si jamais tu t'en vas, ma mie,
Je m'en irai aussi...

...

1948

© Editions Raoul Breton

NOTRE SENTIER

Notre sentier près du ruisseau
Est déchiré par les labours;
Si tu venais, dis-moi le jour
Je t'attendrai sous le bouleau.

Les nids sont vides et décousus
Le vent du nord chasse les feuilles
Les alouettes ne volent plus
Ne dansent plus les écureuils,
Même les pas de tes sabots
Sont agrandis en flaques d'eau

Notre sentier près du ruisseau
Est déchiré par les labours;
Si tu venais, fixe le jour
Je guetterai sous le bouleau.

J'ai réparé un nid d'oiseaux
Je l'ai cousu de feuilles mortes
Mais si tu vois sur tous les clos
Les rendez-vous de noirs corbeaux,
Vas-tu jeter aux flaques d'eau
Tes souvenirs et tes sabots ?

Tu peux pleurer près du ruisseau
Tu peux briser tout mon amour;
Oublie l'été, oublie le jour
Oublie mon nom et le bouleau...

1934

DOULEUR

Je m'appellerais l'amour
que je te courtiserais,
Je m'appellerais la peur
que je te défendrais,
Je m'appellerais la nuit
que je t'illuminerais,
Je m'appellerais la mort
que je t'épargnerais.

Pour te faire langueur
Comme tu m'as fait souleur
Je m'appellerais le vent
que je te blesserais,
Ne me crois pas méchant
écoute mon couplet
Je m'appelle douleur
et tu es ma demeure.

J'ai tant battu les rues
j'ai tant battu les heures
Qu'enfin tu es venue
comme en mer la lueur
T'as dit: « j'aime les fous
parc' qu'ils aiment les fleurs... »
Mis dans tes deux mains nues
ma raison et mon cœur.

Ne me crois pas savant
ne me crois pas servant
Je t'aime tant et tant

maintenant tu le sens.
Traverserons les pleurs
traverserons les ans
Traverserons les temps
mon fardeau, ma chaleur...

1963

© Editions Tutti et Archambault.

UN PETIT SOULIER ROSE

J'étais entré à l'auberge
Comme je le faisais souvent
Un homme debout sur sa chaise
Nous pria d'écouter son chant

Un petit soulier rose
Tapissé de satin
Encore tout chaud de valses
Tremblait là dans ma main
Et j'ai brisé mon verre
Ce soir-là j'y ai bu
Dans le petit soulier
Tout le vin que j'ai pu

Voilà pourquoi Madame
Je guette son mirage;
Elle vient comme ça
Dans mon verre à la nage...

J'étais sorti de l'auberge
Ma bouteille étant vidée

Mon homme criait à la berge
Qui veut de mon refrain usé

Un petit soulier rose
Tapissé de satin
Encore tout chaud de valses
Tremblait là dans ma main
Et j'ai brisé mon verre
Ce soir-là j'y ai bu
Dans le petit soulier
Tout le vin que j'ai pu

Voilà pourquoi Madame
Je guette son mirage;
Elle vient comme ça
Dans mon verre à la nage...

...Et l'homme dans son vieux manteau
S'était endormi près des flots...

1940

DIALOGUE D'AMOUREUX

LUI

— Quand je te détesterai
Pour que tu le voies bien,
Quand je te détesterai
Je mettrai ma casquette.

ELLE

— Quand tu ne m'aimeras plus
Pour que tu le voies bien,
Quand tu ne m'aimeras plus
Je me ferai des tresses.

LUI

— Depuis cette entente, ma mie porte
[chignon

ELLE

— Et lui, à tous les vents, il marche tête
[nue.

Pour ta tête, un oreiller
Et pour tes yeux, un peu de ciel d'été
Et pour tes mains, ma main à caresser
Et puis la mer pour lit, ma bien-aimée

A l'infini, très loin, des violons
Et des bergers vêtus en chevaliers,
Quarante fous du roi, tout maquillés,
Des anges nous guettant à l'horizon...

LUI

— Quand je te détesterai
Pour que tu le voies bien,
Quand je te détesterai
Je mettrai ma casquette.

ELLE

— Quand tu ne m'aimeras plus
Pour que tu le voies bien,

Quand tu ne m'aimeras plus
Je me ferai des tresses.

LUI

— Depuis cette entente, ma mie porte
[chignon

ELLE

— Et lui, à tous les vents, il marche tête
[nue...

1954

CE MATIN-LÀ

Quand deux oiseaux se battront le matin sous ta
[fenêtre
Et que leurs cris aigus te sortiront du lit,
Ne cherche ni le piège, ni le mal qui les agite ainsi;
Regarde dans la rue, le printemps est venu
Et si tu as aimé, tu t'attarderas, ce matin-là.

Le ruisseau qui zigzague et qui court pendant des
[milles,
Fouillant tous les bosquets jusqu'au fin fond des
[champs
Cherche la source froide qui l'appelle derrière les
[bouleaux blancs
Et tous deux réunis, confondus, se taisant
Iront mourir d'amour dans la mer maintenant.

Quand tu dis que tu m'aimes et que tu danses au
[village
Avec tous les garçons qui ont cheveux bouclés
Tu mens effrontément... alors moi, demain, je m'en
[irai
Plus loin que ce pays, plus loin que les nuages
Et j'enverrai la mort te tuer, cher visage...

...Regarde dans la rue, le printemps est venu
Et si tu as aimé, tu t'attarderas, ce matin-là...

1955

SUR LE BOULEAU

Sur le bouleau
Où ton nom est gravé
A jamais ma chacune
J'ai retrouvé
Ces accords oubliés
Que je dédie
A ton minois joli.

1937

AU MÊME CLOU

Au même clou, ma mie,
Ton tablier brodé

Et mon gilet troué...

Ta tête si jolie,
La mienne fatiguée
Sur le même oreiller...

Celui des deux, ma mie,
Qui s'en ira d'abord
Laissera l'autre mort.

Nos faiblesses soudées
Comme troncs de pommiers
Et les fruits sur le lit...

La neige dans la porte
Nous empêche d'entendre
Celui qui crie dehors.

Moi, je n'ouvre à personne
Ce que j'ai, je le donne,
A toi, chez moi, qui dors...

1956

LA FILLE DE L'ÎLE

Il m'a donné le pont de l'Ile
Deux goélands et la marée
Puis il est parti vers la ville
Et je me suis mise à pleurer...

Pourquoi, pourquoi le pont de l'Ile
Des plumes blanches et la marée
Ce sont des choses inutiles
A fille qui se meurt d'aimer ?

Moi j'ai deux bras faits pour étreindre
Têtes d'enfants et moutons blancs;
C'est pas que je voudrais me plaindre
Mais j'envie celles qui vont aux champs...

Je reste seule amont la côte
Avec mon Ile et la marée,
Mon bel ami a fait la faute
De croire que j'étais une fée.

Pourtant il sait que mes épaules
Soulèveraient gerbes de blé,
Il sait que j'abattrais le saule
Pour bâtir maison à son gré.

Il s'est penché dessus ma couche,
Il m'a soûlée de mots d'enfant,
Il a juste effleuré ma bouche
Comme fait le vent, le vent qui ment.

J'échangerais ma poésie
Pour la tête de mon ami,
Dans mon tablier de semaine
Je la mêlerais à mes peines.

C'est cette longue solitude
Qui creuse trous devant mes pas;

Ah ! si seulement sa main rude
Pouvait venir chasser tout ça...

Oui, j'échangerais mon Ile jolie
Pour un grand malheur avec lui...

1950

Y'A DES AMOURS

Y'a des amours dans les villes
Presque dans chaque maison
Sous l'océan, y'a des îles
Et des pleurs sous les chansons.

Sous le filet, y'a des truites
Sous la feuillée, des fruits
Mais moi, mon cœur, qui l'habite ?
C'est fille-fleur du pays.

Je l'aime tant, que j'éclaterais comme foudre
Si j'apprenais qu'elle s'amuse sans moi...

Y'a des amours dans les villes
Presque dans chaque maison
Sous l'océan, y'a des îles
Et des pleurs sous les chansons...

...

1964

LE ROI CHASSEUR

LUI:

M'a donné son carquois
Et deux fusils d'airain
Me doute un peu pourquoi
Il me comble de biens.
Il a les yeux sur toi...
Le tuer ? C'est le roi...
Et depuis que tu pleures
Je sais qu'il a ton cœur.

Je lui laisse la place
A ce maître régnant.
Je m'en vais dans l'espace,
Engoulerai le vent,
Serai oiseau sans cri
Mais grand oiseau de nuit
Qui dépliera toujours
Ses ailes, fuyant l'amour...

ELLE:

Cette histoire, tu l'inventes
Je suis dans ta maison,
Patiente et si aimante
Depuis tant de saisons...
Voici venir le roi...

LUI:

Et que lui diras-tu ?

ELLE:

Lui dirai qu'il se tue
Trop d'oiseaux dans ses bois
Et que moi, ça me tue
De les voir aux abois...
Mais que ça me fait rire
De te voir comme ça !

1964

PREMIER AMOUR

Si beau ce qu'il vit là-bas
Qu'il eut grande peur...
Je vais tout vous dire cela
C'était vers cinq heures.

Ce qu'il vit... mais j'y pense,
Ne se dit pas ici, mais ailleurs
Dans un puits, dans un lit de dormeurs
Une nuit, à l'oreille d'un ange...
...Et cet ange tremblera.

Oh ! Si beau ce qu'il vit là-bas,
C'était vers cinq heures...

Ne parle ni ne dort ni ne mange ni ne sort
Des heures à écouter son cœur,
Ne lit ni ne rit ni ne joue avec nous:
C'est son premier amour.

Il veut partir en voyage
Sur les vents qui vont à la mer
En croup' sur chevaux sauvages
Avec elle monter dans l'air.

Ne parle ni ne dort ni ne mange ni ne sort
Des heures à écouter son cœur
Ne lit ni ne rit ni ne joue avec nous:
C'est son premier amour.

Elle veut mourir cette nuit
Six pieds de plage et l'oubli
Pendre au soleil un suaire
Si sans lui demain se lève

Ne parle ni ne dort ni ne mange ni ne sort
Des heures à écouter son cœur
Ne lit ni ne rit ni ne joue avec nous;
C'est son premier amour.

Si beau ce qu'il vit là-bas
Qu'il eut grande peur...

1963

© Editions Tutti et Archambault.

PASSAGE DE L'OUTARDE

Passage de l'outarde en mai qui file vers le nord
plus qu'une main de femme fait frissonner mon corps
mes ailes fatiguées ne peuvent pas la suivre
sans île dans l'azur, plus de raison de vivre

Qu'ai-je fait, qu'ai-je dit durant tous ces hivers
l'oreille sur ma porte attendant une venue
la porte s'est ouverte dans un éclat de rire
et à l'oiseau en cage une île est apparue

Depuis bien des matins, je t'apprends la marée
la semence du grain et la fin des gelées
mais toi riant tout plein tu m'apprends que la joie
tu la portes en ton sein et que l'auteur c'est moi

Passage de l'outarde revenant de bien loin
elle fuit la poudrerie avec tous ses poussins
dans mon jardin d'automne debout cabrant les reins
je lui montre ma vie au bout de mes deux poings

LE BONHOMME ET LA JEUNE FILLE

Le bonhomme a regardé la neige longtemps
Puis il a regardé le ciel longtemps
Puis il est resté planté là, content.

La rêveuse est partie pleurant
Son manchon sur ces cils pesant
Et a dormi cent ans.

Quand elle est revenue
Elle a vu un chapeau sur le sol nu
Son bonhomme était fondu.

Une autre illusion de perdue...
Bien sûr, une source de plus...
La revoilà seule dans la rue...

1965

VIII. CUVÉE 1969

EN ATTENDANT L'ENFANT

Je n'aurai pas le temps
de finir la maison,
de peinturer l'auvent,
secouer le paillasson,
que tu seras présent, vivant,
sorti des nombres,
déjà vêtu de blanc
déjà venu au monde.

J'aurais voulu laver
les murs de la cité,
remettre les pavés
à leur place, tu sais...
et me débarbouiller
et ranger mes papiers
et brûler le passé
et puis me parfumer.

Je n'aurai pas le temps
d'enterrer les pendus
de corriger le temps
tout ce long temps perdu

de raccrocher les cloches
rengainer les épées
et à grands coups de pioche
t'ouvrir une cité.

J'aurais voulu voulu m'instruire
me polir, m'établir,
te donner de quoi rire
et de quoi te nourrir
voilà ce que je t'offre:
des deuils pleins les coffres
un vieux règne en lambeaux
pour ton monde nouveau.

Des guerres à ta naissance
comme à la mienne aussi
les pays d'espérance
que m'a légués mon père
et ce parler de France
la chanson de ta mère.

NAISSANCE

Je n'étais rien
qu'un petit homme
une cloche sonne
c'est aujourd'hui
que le cri est sorti de la nuit,
sur ton lit défait
le fruit.

Bonne la vie
me revoici
je recommence
j'ai de la chance
chanter, chanter
crier de joie
et puis me taire
y a un mystère
chez moi.

J'INVITERAI L'ENFANCE

J'inviterai l'enfance à s'attarder le temps qu'il faut,
qu'elle empoche des images pour les soirées d'hiver,
pour les longues longues heures de l'adulte
qui n'en finit pas de pousser sur l'ennui.
Deux clairons dans tes bagages
un air de flûte
une botte de légumes, du vin
le sourire de quelqu'un mort
une trace qui mène à l'île perdue
un anneau d'or, un masque drôle.

Quand absent est l'amour et que tes frères sont
                                                   [morts,
quand présent est le vide et que la nuit demeure.
les rêves sont bien nécessaires.

Et les enfants nouveaux poseront dans la main de
                                              [l'homme seul
les leurs, ouvertes,
chaudes et nues.

LES ESCALIERS DEVANT

Les quatre mille murs de la côte bretonne
les lutins de Norvège
et les parfums des Indes
Toutes les croix de Rome
et la douceur des Landes
les neiges canadiennes
et les violons tziganes
sont portes grand'ouvertes
et escaliers devant
à nos âmes enchaînées.
Qui nous arrêtera dans l'invention d'un monde
quand celui-ci est mort, mort, mort.

Quand pieds et poings liés
vous nous avez détruits
guéris et délivrés
nous sommes repartis...

La liberté, ami, est au fond d'un cachot
comme la vérité sous l'épaisseur des mots.

GRAND-PAPA PANPAN

A minuit dans le bois
quatre petits frères et sœurs
qui se meurent de peur
dans une cabane en bois.
Grand-père est-ce le vent
qui gémit à la porte ?

Non, c'est pas lui, attends
c'est le loup, mes enfants.
Mon fusil, que je sorte
pan-pan, je l'ai tué
dormez tous à présent
je pousse le verrou.
Hou, hou, hou, hou, hou...

Une demi-heure après
le cadet chuchotait:
grand-père est-ce la grêle
qui roule sur la tôle ?
Non, c'est un bruit de chaîne
ce doit être un fantôme
j'y vais panpi panprêle.
Oui, c'était un fantôme
avec son âme en peine
qui voulait des prières
Je l'ai occis le drôle
il ne reviendra guère.
Hou, hou, hou, hou, hou...

Quelle est cette lueur ?
On dirait un fanal
derrière le canal.
Grand-père est-ce normal ?
C'est pas le jour encore
bougez pas mes gamins
je retourne dehors
avec mon pipanpin.
C'était un feu-follet
je l'ai eu au mollet.

Dormez, il est parti
au fin fond de la nuit
Hou, hou, hou, hou, hou.

Grand-père y'a un grillon
près de la cruche à vin.
N'aie pas peur mon garçon
pinpon, c'est un lutin.
Mes cartouches, mon fusil,
mes bottes près du lit
...
Plongez dans le sommeil
pendant que moi, je veille.
Grand-père plus puissant
que le grand manitou
à grands coups de pan, pan
arrangeait tout, tout, tout
Hou, hou, hou, hou, hou...

Après qu'il fut bien mort
sommes allés voir dehors
n'y avait pas d'esprit
ni magie, ni bandits.
Y'avait le vent, la grêle
la goutte d'eau aussi
et l'insecte si frêle
qui s'éclaire la nuit.

En même temps que panpeur
est mort sorcellerie
et la stérile peur
qui nous cachait la vie.

LES MAUVAIS CONSEILS

Quitte le nid,
si tu y es bien
Gagne la mer
si tu es goéland
Défends tes droits, surtout droit à l'erreur
Sois l'eau qui porte le radeau en dérive.

Devenir grand
c'est choir hors du nid
Se séparer
c'est rester unis
Les désunis vivent souvent ensemble
Bâtir son nid, c'est savoir s'en aller.

Quand on est vieux
on dit: j'aurais dû
Si j'avais su
disent les quêteux
La possession écrase les épaules
Rien posséder, c'est pas toujours très drôle

La connaissance
est loin des livres
Repos fatigue
et fatigue repose
Et si tu chantes, chante pour toi d'abord
Car l'ignorance a le mépris facile

Le verbe aimer
pèse des tonnes

Ne pas aimer
pèse plus lourd encore
Aux bruits humains vont les fils des ténèbres
Fils de lumière se gavent de silence.

Prends bonne note des mauvais conseils
Ton alliée s'appellera vieillesse
Aime le traître qui s'appelle jeunesse
Et tu vivras CENT ANS !

LE PÈRE

Et on le faisait taire
Dans sa propre maison
Il n'avait pas raison
Cet étranger, le père.
Ennemis nous étions.
Sur tout ce qu'il faisait
Sur tout ce qu'il disait
Toujours la dérision.

Comme on cache une honte
On le cachait aussi
Nous souhaitions sa mort
Cela doit être dit
Tous ligués contre lui,
Seul avec le vieux temps
Avait le geste lent
Des avaleurs d'oubli.

Etions nobles savants
Cerveaux spécialisés

L'atome était brisé
Comme les préjugés.

Accoucherions demain
Electrifiquement
Sans sortir de nos bains
Race neuve d'enfants.

Le sentier des rois mages
Les patries, les chapelles
Finis, le Moyen-Age
Les chevaux, les truelles !
Mon père, allez-vous-en
Laissez-nous votre bourse
Buvez en descendant
Votre dernière course.

Et lui
Sortait la nuit
Comme faisaient les Apôtres
Guérir
Etait sa vie
Comme moquerie, la nôtre.

On l'a porté en terre
Un vendredi matin
Dans l'immense parterre
De l'Eté des Indiens.
Que s'était-il passé ?
Nous ne comprenions rien
Tant de gens étrangers
Pleuraient sur le chemin.

C'était facile à voir
Ils saluaient un roi
Et nous étions soudain
Ses fils, des pauvres nains
Le géant était mort
Un trou dans le pays.
Je n'ai que trois accords
Pour le chanter ici.

Aidez-moi, les violons
Aide-moi, ma compagne
Anges à cheveux longs
Allumons la montagne
Et dansent les tout-nus
Les moqués, les terriens,
Le père est revenu
Dans sa maison enfin.

Il dort
Et n'entend rien
Trop tard
Je le sais bien.

LA VEUVE

Une veuve
Une veuve inconsolable
Chez le curé se traîne.
Révérend, écoutez
Je nage dans le noir
Désespoir.
Que l'océan, les fleuves

L'univers, le chaos
Me tombent sur le dos
Mon pauvre dos de veuve.
Jacquot n'est plus
Moi non plus.
Qu'on emporte
La morte
Que je suis devenue.

D'abord, fermons la porte
Petite madame en noir
Et venez vous asseoir.
Pleurez, vos jolis yeux !
Vous souffrez, c'est tant mieux !
Nous ne sommes pas ici
Pour être heureux, ma fie !
Chanceuse
Le Seigneur
Vous envoie des douleurs.
Bravo ! Hourra !
D'ailleurs
Jacquot, il est en paradis.
N'allez pas jusqu'à fouler
De vos petits pieds son corps
Mais quasi
Allez-y !
Et moi, je vous bénis
Le grand vicaire aussi
Amen !
Souriez, chantez !
Allez !
Alleluia !

La veuve rentre chez elle
Et se lisse les ailes
Et se dit qu'une sotte
Dans le chagrin ballotte.
Je vais me mettre en gris
Oui, il faut que je sorte.
Puis elle se met en rose
Elle est jeune et jolie.
Venez tous mes amis
Qu'on danse sur les roses
Changez vos compagnies
Elle rit,
Elle vit,
Tout l'monde balance et puis tout le l'monde
[danse...

Quarante jours après
Le curé perd sa mère.
La veuve,
La première
En chemise de dentelle
Accourt au presbytère.
J'ai appris la nouvelle !
Mon révérend joyeux,
Vous, chouchou du Bon Dieu
Enlevons les tapis
Giguons jusqu'à minuit
Comme des petites souris !
Après, buvons du vin
Jusqu'à demain matin
Et swing la baquaise dans l'coin d'la boîte à
[bois !

Elle n'a jamais compris
Pourquoi, à coups de pied
Comme une malapprise
Le curé l'a chassée.
Elle est rentrée perplexe
Avec son accordéon
Et son premier réflexe
Fut pour cette chanson
Qui pourrait
S'appeler
Mettons le titre long
NOS CHAGRINS NE FONT MAL QU'A NOUS.
       [AUX AUTRES, ILS FONT DU BIEN.

Et swing la baquaise dans l'coin d'la boîte à
                     [bois.

LA MORT DE L'OURS

Où allez-vous, Papa loup
Chapeau mou, médaille au cou
Vous a-t-on nommé shérif
Des montagnes et des récifs ?

Non, mon fils, j'ai pris un bain
Chaussé guêtres et canne en main
Vais porter hommage au roi
Si tu veux, viens avec moi.

N'orignal ni carcajou
Je ne connais roi que vous.

— 177 —

Peigne plutôt tes poils fous
Et suis-moi à pas de loup.

Ils ont marché quatre lieues
Arrivés près d'un torrent
Sauvage et débordant
De cris et de chants d'adieu.

Bonjour Sire, c'est moi, le loup
M'voyez-vous, m'entendez-vous ?
Suis venu à travers bois
Vous saluer, comme il se doit.

Il se tient droit, salue l'ours,
Qui a la patte dans le piège.
Plein de sang dessus la mousse
Et tombe la première neige.

Le petit loup est ému
Et voudrait rentrer chez lui
Le gros ours, le gros poilu
Lui sourit et dit merci.

Ils sont revenus de nuit
A travers bouleaux jolis
Le plus grand marchait devant
Et pleurait abondamment.

RICHESSES

Cinquante ans de poussées, d'arrêts de marche encore
Moissonner chez les autres sans avoir droit au grain

Défendre des pays qui volent votre bien
Leur bâtir des maisons et puis coucher dehors.

Sonner cloches le jour, fêter des inconnus
Leur tresser des couronnes, n'être pas reconnu
Ouvrir chemin de fer, jamais prendre le train
Porter l'eau au désert, prise à votre moulin.

Raconter ses misères pour que Monsieur s'amuse
Tout en m'applaudissant, il fait taire ma muse.
Au sommet de nos rêves, bien perché, le rapace
Qui bondira soudain sur tout bonheur qui passe.

J'ai enrichi des gens qui en ont profité
Et que me reste-t-il après tant de batailles ?
Me reste toi, mon souffle, mon enfant, mon été
Que je garde caché au fond de mes entrailles.

Et s'ils te prennent un jour, c'est eux qui tomberont
N'y aura plus de chant, n'y aura plus de pont.
Blessée, tu reviendras et nous repartirons
Pour la centième fois, ferons neuve chanson.

QUI EST FÉLIX LECLERC?

par Marie-José CHAUVIN

I. L'HOMME

Félix Leclerc, un mythe. L'un des premiers qui aient osé avancer sur la scène avec seulement voix et guitare. Le Canadien, l'homme des bois, l'ami des bêtes. L'homme a tout faire, le vagabond. Le colporteur de chansons. Tant de temps à se chercher, tant de temps à se trouver. Et pourtant, une si grande sûreté, une si grande simplicité. Ironie, tendresse, lucidité, désespérance, enchantement et désenchantement tournent dans ses chansons: les longues et les brèves, les formes et les informes.

L'EMPREINTE DE L'ENFANCE

Voici d'abord un enfant. Pour lui compte la mère, dispensatrice de paix et de rêve. Elle remonte à la source des contes. Tout devient légende en sa bouche: Ti-Jean le Barbu père du père, le canard blanc, le loup qui va te manger, les anges et les fées, les châteaux et les bals, l'amitié du roi.

La mère sait aussi découdre la morosité, le scrupule, et faire la paix dans les consciences. Elle encourage l'enthousiasme, calme le doute. Elle fait confiance. Elle est sûre.

> Je me moque de vos muscles, le danger est ici disait la mère aux hommes en se touchant le front... Initiés par elle au bonheur, juger nous était défendu et, nous arrivait-il d'être pris dans la laideur, elle nous levait le menton et disait: « Regarde en haut pendant que tes pieds se débrouillent ». (*Pieds nus dans l'aube*)

Félix Leclerc sait ce qu'il doit à sa mère — en tant que chanteur. L'homme a succédé à l'enfant, le vent sur le toit remplace le diable, le cœur est le même:

> Les soirs d'hiver ma mère chantait
> Pour chasser le diable qui rôdait;
> C'est à mon tour d'en faire autant
> Quand sur mon toit coule le vent.
>
> Parler de prés, d'amour, d'enfants,
> De soleil d'or sur les étangs,
> C'est son langage que je copie fidèlement...
>
> *(Les soirs d'hiver)*

Le père entre en jeu. Et avec lui le combat, l'énergie, la solidité. La vie de l'exploitation forestière est entre les mains des ouvriers du bois, tous compagnons. On plonge dans les difficultés et les risques du travail, sain mais périlleux. On lutte avec la nature et la terre vierges. Il faut défricher, discipliner, utiliser. Chaque matin renaît l'ardeur, chaque soir on se compte et on fait ses comptes. Parfois il en manque un à l'appel, le trou se referme, on continue.

Lorsque les arbres sont abattus et équarris, on les fait descendre par la rivière. C'est la « drave », mot franglais: quand les billots se bloquent par accumulation, on les pousse, on les tire avec de longues gaffes... et comme on est monté sur l'un d'eux on peut être entraîné par le mouvement général dans les remous et les chutes du fleuve. Un matin radieux, Malouin le chef de drave demande un volontaire pour déprendre les billots. Et Mac Pherson le noir s'en va tout seul vers son destin en rêvant à son enfance dans la nature en fête et sur un air jazzé.

> ...Les anges chantaient son air de jazz
> Quand Mac Pherson a pris le large
> Sur son parka, la fleur sauvage
> Brillait comme l'étoile des Mages...
>
> *(Mac Pherson)*

Les frères et sœurs — Félix Leclerc est le sixième de onze enfants —, la famille, les premiers amis émergent à leur tour. Chacun sa place, chacun ses dons. Déjà on veut vivre. On veut aider le père, on joue au pionnier. On reconnaît à les côtoyer la bêtise, la méchanceté, la misère, le mensonge. On découvre l'ami, le semblable, celui avec qui tout devient possible, tout est mis en commun. Déjà on veut autre chose, on refuse le quotidien pour ses scories. Déjà on veut dépasser, s'évader dans quelque chose de plus grand.

C'est le thème du *Complot d'enfants*, une de ces mélodies improvisées, toute en points de suspension et en prolongements, dont Leclerc a pris le temps de trouver le secret:

> Nous partirons
> Nous partirons seuls
> Nous partirons seuls loin
> Pendant que nos parents dorment...

Voilà pour l'enfance. Elle commence en 1914 à La Tuque, province de Québec, « dernière de toute une série de petites villes semées comme des balises le long du Saint-Maurice. Portant dans ses murs une huitaine de mille âmes, née sur la plus haute branche de la carte des Laurentides, au pays des orignaux et des castors »... Elle s'arrête net, pour la vie, le jour où l'on quitte délibérément la famille.

Pourquoi partir ? Il le faut, on le sent, l'occasion s'offre: Félix Leclerc est à peine de retour chez lui après avoir terminé ses études, et voilà le parrain qui se propose de l'emmener quelque temps. Et puis aussi « parce qu'à la longue on se fatigue d'embêter toujours les mêmes gens », et c'est déjà l'homme qui perce.

LA QUÊTE DE SOI

Alors débute une longue recherche de soi-même, pleine d'essais, d'incertitudes, de recommencements. Sans l'avoir voulu, dit-il, voilà en 1934 Félix Leclerc l'un des premiers annonceurs à Radio-Québec. Trois années passées dans la fièvre de l'actualité et la dispersion continuelle au gré des caprices de l'événement. Une usure de l'enthousiasme. Un besoin de fuite. Un repli vers la famille.

Un retour à la solitude des campagnes aussi. De longs moments de rêverie triste: que puis-je faire ?

que dois-je faire ? Il aide à cultiver (ses parents sont maintenant cultivateurs au bord du Saint-Laurent). Il est « bœufman » comme dit son père, c'est-à-dire bouvier, menant son attelage au chantier de glaise (pour enrichir la terre de l'exploitation familiale). Il distrait la famille et les engagés par ses pitreries. Il est au cœur des veillées où il chante, assis sur l'escalier, avec déjà la guitare dont il a appris à jouer à Québec. La décision intérieure est prise:

> Je résolus, moi aussi, d'être un artisan comme ceux du temps des cathédrales, qui chanterait ses histoires de lièvre à lui. Mes héros ne seraient pas pris sur le pas des universités, je n'y connaissais rien, mais dans les savanes, près des sources froides que l'on voit couler, quand on s'assoit sur une souche... Un troubadour sans règles, ni lois, ni recettes, ni conseils, qui fait ce qu'il y a dans son cœur, voilà ce que je voulais devenir. *(Moi, mes souliers)*

Regarder, comprendre, raconter, chanter. Et recommencer sans lassitude, d'un cœur et d'un œil neufs.

Pourtant il faut vivre et seul. En 1937 Leclerc est « scripteur » (auteur radiophonique) pour la radio des Trois-Rivières où il raconte ses histoires de lièvre à deux pattes. En 1939 il est quelque temps aide-embaumeur (!). En 1942 il se joint à une troupe de théâtre itinérante. Il joue des rôles, chante devant le rideau pour amorcer les saynètes, écrit des pièces. Le théâtre est pour lui déracinement et apprentissage de la communication. Fraternité aussi, remède à la solitude.

Il se marie. Il a un fils. Les pérégrinations continuent. Le cafard aussi. Le besoin d'être seul aussi. En 1943 il reste un an dans les Laurentides. En 1945 il est avec les pêcheurs-cultivateurs de l'île d'Orléans, où sa femme et son fils le rejoignent. Il aide au chantier de glace. Il part sac au dos avec ses chiens « tout au bout de la plaine, à la limite de la forêt ».

En 1950 il se fixe à Vaudreuil dont il ne veut plus bouger. C'est de là que Jacques Canetti, en voyage au Canada, va le faire partir vers son destin public: cinq semaines à l'A.B.C. de Paris, contrat d'un an, tournée de deux ans en Europe et la suite.

De la période qui prend fin il dit: « Je voulais entrer dans le cerveau des enfants »..., « J'aimais le silence »..., « Je volais mes histoires » (aux voisins, aux amis). On sent sa nostalgie de la voie toute tracée dans la « Lettre de mon frère », en fait écrite pendant son premier séjour en Europe (1950-1952);

> ...Nous autres on tue c'qu'on aime
> C'est pas qu'une drôle de vie
> Mais c'qui nous fait l'plus d'peine
> C'est qu'tu sois loin d'ici.

Des chansons, il en a fait pendant tout ce temps: de dix-huit à trente-six ans. Il n'a pas arrêté de s'essayer à s'exprimer: chansons, contes, histoires, pièces de théâtre et scénarios radiophoniques. A s'exprimer, non: à communiquer.

Le refus

S'il s'écoutait, indépendant qu'il est, vagabond dans l'âme, comme les tziganes dont il collectionne la musique, Leclerc serait toujours « ailleurs ». Combien de ses chansons se terminent par un recommencement:

> Maintenant je suis là. / Si demain je m'en vas, / Retiens-moi, / Rejoins-moi, / Si je meurs, / Nous irons vivre ailleurs.
>
> *(Mes longs voyages)*

> Moi je sais un pays / Qui est bien loin d'ici / Où la mer et la vie / Et l'amour sont unis.
>
> *(La mer n'est pas la mer)*

> Pieds nus / En silence / Nous sortirons / Par l'horizon...
>
> *(Complot d'enfant)*

La tentation de l'évasion est grande. Leclerc est un errant, un nomade. Il étouffe à piétiner. Il a besoin, à grandes enjambées, de renouveler son terrain, son travail, ses amitiés. Il a besoin de secouer le joug, celui qui le rend responsable ou dépendant d'autrui.

Ailleurs, on pourrait échapper à tout ce qui fait la vie mauvaise: le harcèlement des soucis quotidiens, les rapports de sujétion qui s'établissent fatalement des uns aux autres, la répétition, la routine, cette croûte qui se referme sur chaque homme plus ou moins vite et plus ou moins fort:

A tous les Bohémiens, les Bohémiens de ma rue /
Qui sont pas musiciens, ni comédiens ni clowns /
Ni danseurs ... Ni chanteurs ni voyageurs ni
rien / Qui vont chaque matin, bravement, proprement, / Dans leur petit manteau. / Sous leur petit
chapeau, / Gagner en employés le pain quotidien;...

... Qui se lèvent le matin / Cruellement heureux
d'avoir à traverser / Des journées / Ensoleillées,
usées, / Où rien n'arrivera que d'autres embarras, / Que d'autres déceptions, / Tout le long des
saisons...

(Prière bohémienne)

Le remède, c'est la fuite, le retour à l' « homme
nu », le dépouillement du personnage social que
chacun d'entre nous est censé remplir, et donc
— comme il le dit à son retour au Canada après
son premier contact avec l'Europe et la scène comme
chanteur seul —, « la joie de me sentir sans licou
« ni attelage, un cheval qu'on renvoie au pacage,
« nu, et le maître garde la bride à la main et le cheval
« secoue la crinière et s'enfonce vers la liberté à
« l'autre bout du champ ». Pas plus d'entrave qu'un
animal sauvage.

Le symbole de ce besoin de bouger et de fuir est
une des plus célèbres chansons de Leclerc, par laquelle à chaque récital il envoie le salut initial à son
public d'un soir: *Moi, mes souliers*. Si fort ce symbole, que c'est aussi le titre du deuxième de ses
romans autobiographiques, celui qui relate sa vie de
vingt à trente-six ans.

Mais Leclerc ne peut pas se contenter de cette at-
titude. En fin de compte, c'est une démission, une

omission, une absence. On se raie du commun, et quoi ? Peut-on encore s'estimer homme ? Etre lucide c'est être à moitié homme, mais, ayant vu, partir ? se retrancher ? vers qui, vers quoi ? Avoir toujours vu lutter et être taillé pour la lutte, cela ne permet pas la facilité.

L'acceptation

Leclerc sent très fort (on le sent très fort à travers ses chansons) la nécessité d'accepter, de réaliser le présent, de s'incruster de tout son poids et de toutes ses forces dans le quotidien pour lui donner vie et non pas se faire mourir par lui. Vie à petit feu, guerre contre l'usure. Enracinement dans le réel. Le paysan est aussi opiniâtre en lui que vivace le tzigane.

Il trouve ses armes. La plus forte est la femme, et avec elle l'amour. Pas n'importe quelle femme mais celle qui est paisible, belle, simple. Celle qui suscite et donne la tendresse, cette forme quotidienne de l'amour. La compagne, l'épouse, l'alliée. Avec laquelle on n'a pas besoin de toujours parler, toujours être près, parce qu'il y a une alliance plus profonde, une compréhension intérieure. L'amour est un amour de durée, un compagnonnage tantôt face à face, tantôt face au monde, et se ressoude dans l'échange constant.

Pour durer, l'amour n'en est pas moins difficile. C'est un état instable qui oscille autour de son équilibre. « C'est aussi z'yeux rougis et douleur sur la bouche » (*En muet*). Comme la vague, il a ses creux et ses brisures. Comme le bateau, on sait qu'il flotte et on lutte pour le faire, encore, toujours, émerger. Il se développe à l'image de l'arbre: la femme est la vie cachée, l'homme la force extérieure:

> Comme l'écorce entoure la sève, je l'ai tenue et enveloppée dans mes bras toute la journée et peut-être toute la nuit.
> Elle n'était ni malade, ni triste, ni blessée. Je l'ai gardée et elle ne bougeait presque pas, comme la sève dans l'écorce. Puis elle est partie. Et mes muscles, parfumés d'elle continuaient de l'étreindre. Quand j'ai levé les yeux, j'étais un arbre ressuscité, plein de feuilles nouvelles.

> *(Chansons pour tes yeux)*

Une autre arme et non la moindre, c'est de se tremper et retremper à la nature, au pays, à la campagne, à la solitude, au silence. De se refaire une vie à soi pour pouvoir supporter celle des autres, retrouver le courage de les écouter. De retraite qu'elle était, la fuite devient une forme du combat: provision et affermissement, corps et âme remis à neuf.

Et puis il y a encore une arme, beaucoup plus subtile. Il s'installe une espèce de jeu entre le réel et l'irréel, un embellissement indéfinissable, une « distanciation » pourrait-on dire. Lorsque Leclerc parle de lui, c'est-à-dire le plus souvent, on est tenté de dire que c'est trop beau pour être vrai, dans ses chansons comme dans ses livres. Ce qui serait « abusement » avec moins de lucidité, ou tricherie avec moins de franchise. Ce qui contribue à faire d'un homme un personnage d'une vie une légende. Oui Leclerc est un personnage légendaire mais ce n'est pas Leclerc. C'est la vie telle qu'il veut la voir pour arriver à la vivre. C'est lui-même tel qu'il s'offre aux autres (auditeurs, inconnus) pour se protéger des autres. Carapace de protection que l'on tisse pour soi avec souplesse et sur laquelle l'ennui et la bêtise peuvent bien glisser: l'individu reste libre dessous.

« Mythomanie » diront les uns. « Naïveté » diront les autres. Mais non: jeu. Le conteur aide l'homme à vivre en lui racontant son histoire. Et c'est très fort et très amusant. Et très sincère. Cette double relation se trouve par excellence dans *Mes longs voyages,* la plus explicite des chansons et peut-être la plus travaillée:

> Quand je sortirai / De ce pays vieux / Que sont mes naufrages / Quand je rentrerai / Dans ce pays neuf / Qui est ton visage
> Alors je fermerai les yeux
> Et je réveillerai / Mes équipages / Mes longs voyages...

Le mythe de Leclerc — s'il y a mythe —, consiste en la sauvegarde de l'individualité, dans une civilisation de la masse reconnue et acceptée, à l'aide d'un mode de vie et d'un système de valeurs hérités de la tradition. Le cœur prend le pas sur l'esprit, et l'univers concret sur celui contraire qu'édifient les hommes.

II. L'ŒUVRE

Il est toujours possible de discriminer des thèmes, un langage poétique, un langage musical. Dans le cas présent pourtant, c'est dommage. La vision de Félix Leclerc est tout d'une pièce, vaste et franche. Chaque chanson en est un état, témoignage de l'homme sur l'homme — lui-même, ou un autre, ou une autre, ou les autres —, toujours pris au niveau de l'individu. Ambiguë parfois aussi, cette vision, à l'image de la complexité humaine, à commencer par celle qu'offre à l'auteur la descente en lui-même. C'est pourquoi encore trop séparer conduirait à des contradictions qui ne sont qu'apparentes. Ainsi dans la vie se contredisent la conduite et les motifs d'un même homme.

Les chansons de Leclerc ne sont pas des symboles, même si le symbole et l'association d'images y figurent à chaque ligne. L'énumération d'images juxtaposées est précisément le procédé constant de Leclerc pour faire sentir sans abstraction une idée chère. Si grande est l'unité de la conception qu'il devient très compliqué d'analyser, de séparer le vif d'une chanson. Voyez plutôt:

L'eau de l'hiver est froide / Injuste l'ignorance / Le cœur de l'homme est dur / Le grain pousse au

printemps / Blanc le pied de la chèvre / Rose sa langue / Propre est la truite...
Avec ma jolie reine / Sa hanche contre la mienne / Je traverse les ponts / Je traverse les monts / Le torrent crie des noms / Des noms obscènes / Que nous n'entendons pas.

(L'Eau de l'hiver)

On pense à des poèmes d'Eluard qui deviendraient simplistes à les décortiquer, alors qu'ils en appellent intimement à la chair et à l'esprit et trouvent en chacun des résonances multiples.

Avant d'aller plus profondément dans la compréhension musicale des chansons, nous pouvons toutefois préciser plusieurs thèmes déjà évoqués à propos de l'homme.

LA NATURE

La nature est pour Félix Leclerc beaucoup plus qu'un thème. Elle est bien trop présente dans chaque idée de chanson et dans chaque texte pour être cataloguée. Elle est omniprésente. Elle n'est pas source d'inspiration mais constante, cadre, toile de fond (quoique cette expression, se rattachant à un art de l'artificiel, ne soit pas sans gêner ici). Elle est le lieu privilégié à quoi l'homme s'accorde, sa référence. Elle est le témoin, le miroir et le guide des rapports des hommes entre eux et de leurs sentiments. Elle est un peu la mère nourricière à qui l'on retourne toujours, l'enveloppe immense et protectrice où l'on vit en symbiose.

« Nature », le mot est vaste et vague. On en a fait tant et tant d'usages. C'est, pour Leclerc, son pays le Canada, le sol vierge où on peut aller à perte de vue avec pour compagnons les Eléments: l'eau (la mer, le fleuve géant, la barque, les mouillures); l'air (le vent, les nuages, les vols d'oiseaux); la terre (labours et pâturages, forêts et arbres, îles et marécages). L'air est l'évasion, le vent l'inconstance, l'outarde la liberté. La terre est l'ancre, la réalité vivable. La mer est le « flottement », le possible, l'amour, l'abolition aussi de la condition humaine.

Nature, c'est aussi le cycle des Saisons, son accord intime avec nous et son influence sur notre aptitude à vivre. L'hiver, saison des poudreries (tempêtes de neige fraîche soufflée par le vent, comme nous disons « poudreuse »), marque l'incertitude, l'absence de communication, l'isolement et le froid du cœur, la méchanceté du désespoir parfois *(Les Perdrix)*. Le printemps, aussi puissant et éclatant qu'a pu être mortel et ressassé l'hiver, accompagne le désir créateur, la fécondité de la femme, les promesses de tous les espoirs *(L'Hymne au printemps)*. L'été voit les réalisations, la maturité. L'automne est féerique, merveilleux, riche, peut-être illusoire.

LA PARENTÉ TZIGANE

> « *Tous les hommes ont dans leurs bagages un violon qu'ils ne sortent jamais. C'est pourquoi existent les tziganes.* »
>
> (Chansons pour tes yeux)

Comme pour le besoin de nature, il s'agit d'un

élément fondamental de la personnalité de Leclerc, en tant qu'homme, auteur, compositeur et interprète. Donc on le retrouve partout, mais pas toujours directement préhensible.

Ce n'est pas pour rien que Leclerc a eu de tout temps une prédilection pour la musique tzigane. Au point qu'à l'époque la plus démunie de sa vie, ayant des disques mais pas de phono, il reprenait le truc de son professeur italien de guitare: laisser pousser l'ongle du petit doigt et, tournant les disques dessous, se faire quand même une idée de la musique qu'on aime.

L'homme a ce côté nomade dont il a été parlé. Le poète s'inspire souvent du thème de l'instabilité, de l'évasion, de la fuite du joug, (même celui des gens qu'on aime), de la crainte de s'attacher. Le musicien rejoint directement par ses phrasés mélodiques le caractère improvisé, rêveur et nostalgique des introductions lentes de la musique tzigane.

La liberté à vivre de l'homme, la liberté à penser du poète, la liberté du compositeur à l'égard des habitudes mélodiques du temps, on la retrouve totale chez l'interprète. Peut-être par sa façon de faire peser le mot important, une façon de paysan qui parle peu mais bien, à bon escient, en faisant compter cela seul qui doit compter. Peut-être par sa voix tellement grave, sans en avoir l'air, qui fait tomber à l'aise la fin des phrases [1]. Peut-être par son vibra-

---

1. Le registre chanté de Félix Leclerc descend couramment au ré grave des basses nobles ou russes. et se tient ordinairement du la [1] au la [2] (portée de la clé de fa).

to, un vibrato de voix dans la force de l'âge et qui n'a pas été « travaillée » — en fait, le vibrato qui fait partie intrinsèque du chant populaire, que ce soit chez les Indiens, en Afrique noire ou en Europe centrale. Aussi à cause des ports de voix continuels et des attaques par en-dessous, qui font des phrases de grandes courbes coulées semblables au glissando perpétuel du violon tzigane. Surtout pour une manière souveraine de prendre son temps: Leclerc n'est pas lent mais jamais il ne se presse. Sa vérité développe calmement toute son ampleur, et on n'a jamais entendu de points d'orgue, de respirations, comme chez lui. Toute phrase a son arrêt, pour lui laisser prendre sa pleine résonance avant d'y ajouter, par ondes successives, les suivantes.

Il n'est pas jusqu'aux accompagnements qui souvent se réfèrent à la musique tzigane. Tout au moins dans les deux disques où ils sont arrangés et dirigés par Pierre Brabant. Si Leclerc n'en est pas l'auteur, il les a du moins voulus ou consentis.

L'HÉRITAGE DU FOLKLORE

On peut rattacher au folklore beaucoup des chansons de Félix Leclerc, aussi bien pour leur prétexte, que pour leur façon, que pour leur musique. Il faut dire que, plutôt qu'un poète, Leclerc est un conteur. Le conteur, personnage d'autrefois, animait les soirées d'hiver entre voisins, soit en se faisant le chroniqueur du village et de la région (cf. aussi les ménestrels et les troubadours), soit en inventant tout de son cru et en tenant l'auditoire sous le charme de ses vagabondages poétiques. Appelons cela dans un cas le folklore vécu (réel), dans l'autre le folklore inventé (irréel): on retrouve les deux tendances de l'homme Leclerc, à l'évasion et à l'enracinement.

C'est dans cette série de chansons surtout que se développe, comme dans ses écrits, l'humour de Félix Leclerc. Humour, ou plutôt malice, qui fait partie intrinsèque de sa façon d'être et de son regard sur autrui. Leclerc « sent » la place des gens et des choses dans l'univers avec acuité et tendresse, et ce sens engendre l'humour. Qu'il exerce à commencer par lui-même. « Avec mon air campagnard qui devait être bien sympathique puisqu'on n'en finissait pas de me sourire et de m'examiner de loin », dit-il du jeune-homme-qui-cherche-du-travail qu'il a été quelque temps à Québec. Et la phrase fait son chemin, et le lecteur sourit.

Folklore vécu

Les histoires des voisins, Leclerc s'amuse beaucoup à les raconter. Il le fait tout simplement, paroles et musique, si simplement qu'on pourrait souvent croire une vieille chanson anonyme. Il y met un sens aigu des mœurs du groupe et souvent une grande ironie, dont il se sert pour faire rire des choses qui mériteraient qu'on en pleure. Ainsi la bêtise, sur quoi reposent en fait toutes les mésententes et les méprises dans les histoires des autres. Bêtise cruelle qui fait pendre une fille innocente (*La Chanson du pharmacien*). Bêtise administrative qui met l'homme libre en prison pour se prosterner, trop tard, devant lui (*Contumace*). Bêtise intéressée qui s'aveugle sur de petits profits, passant à côté du trésor (*L'Héritage*). Bêtise du maître qui se ridiculise en outrepassant tous les droits avec son engagé, qu'il prend littéralement pour un âne (*Oh ! mon maître*).

Tous se stigmatisent eux-mêmes, vus par le regard « naïf » (naïf et rusé, c'est tout un chez le paysan) du chanteur. Tous ces hommes aux yeux, aux oreilles et au cœur bouchés, bouchés pour n'avoir pas assez servi en vérité (dans la vérité), dansent une gigue éternelle, la danse macabre par excellence, la danse des morts-vivants *(La gigue)*.

C'est là surtout qu'il se sert de l'héritage populaire: textes strophiques avec ou sans refrain, assez rigoureusement rimés, d'un rythme bien enlevé. Complaintes et comptines, petites musiques allègres qui vont d'un bon pas, pas de marche ou de danse, et déroulent sans répit l'histoire jusqu'à sa conclusion.

Folklore inventé

L'autre aspect du conteur, c'est un don d'atmosphère, un talent de faire des histoires de rien comme les aiment les enfants, de rien de ce qu'un autre que lui n'aurait vu ou retenu. Ainsi *Sur la corde à linge* (« Dans' la ch'mise à Dilon, lon, lon... »); *Le Loup* (« Cette nuit, à mon carreau / Toc toc, deux fois, à petits coups / Prudemment tiré l'verrou / C'était le loup, griffe au chapeau... »); *Le Bonhomme et la jeune fille,* rêve d'hiver; *Complot d'enfants* déjà cité; *Le Train du Nord* qui déraille lentement pour gagner les étoiles.

Part la plus poétique de la production de Leclerc, elle nous réveille d'un coup à notre enfance par le biais de la rêverie. Une candeur mystérieuse et impalpable anime ces chansons.

LES GRANDS THÈMES

L'évasion

> « *Cette sotte chose qu'on appelle le rêve, qui vous desserre les poings et vous arrache le cœur* ». (Moi, mes souliers)

L'évasion peut être seulement rêvée, le rêve étant la forme la plus immédiate de compensation au quotidien. On déroule dans sa tête une histoire merveilleuse dont on est le héros, qui mêle la Belle au bois dormant, les fées et les anges, l'amour universel. C'est le cas de *Bal*, écrit à l'époque du séjour dans l'île d'Orléans:

> Cette nuit dans mon sommeil / Je t'ai enlevée de ta tour...
> Nous avons bu dans nos mains / A la source du matin...
> Moi qui a jamais su danser / J'ai dansé à perdre pied...
> J'ai la promesse des anges / Qu'après le jug'ment dernier
> On r'prendra ce bal étrange / Et pour toute l'éternité.

Pour l'être faible, l'affrontement du réel est trop douloureux. Il rétablit l'équilibre à sa façon: par la fuite. Ce peut être la mort, comme pour Petit Pierre, que ne peut arriver à comprendre son interlocuteur, l'homme habitué à son sort:

> Si je suis le cœur du monde / Il ne vivra pas bien vieux...

C'est aussi la folie: l'histoire devient plus vraie que la réalité inacceptable. Elle est un voile qu'on jette et qu'on ne veut pas voir déchirer. Elle est toute la vie pour Bozo le faible d'esprit, reclus sur son marais.

La femme

Elle se situe toujours par rapport à l'homme pour Leclerc, depuis la femme infidèle jusqu'à la compagne de toujours.

La femme infidèle, c'est celle qui n'a rien compris. Elle est à côté de la question. On ne la punit ni ne la condamne: on la quitte, on la raie de sa vie (*La Complainte du pêcheur*), ou on meurt pour accomplir la cassure (*Ce matin-là*), à moins qu'elle se précipite elle-même vers sa mort comme dans *La Gigue*. Mais si elle part, si la maison est vide, ce peut être la faute de l'homme qui n'a pas compris son besoin de présence et de protection:

> Je lui ai dit cent fois que la femme est fragile / Cet imbécile...

La femme est à l'occasion plus réaliste que l'homme. C'est lui, dans sa seule imagination, qui la voit créature fragile qu'il faut épargner; alors que, comme la fille de l'île, elle veut partager la peine et le pain quotidiens:

> Pourquoi, pourquoi le pont de l'île / Les plumes
> blanches et la marée / Ce sont là choses inutiles /
> A fille qui se meurt d'aimer...
> Moi j'ai deux bras faits pour étreindre / têtes d'en-
> fants et moutons blancs...
> Oui, j'échangerais mon île jolie / Pour un grand
> malheur avec lui.

(La Fille de l'île)

Mais la femme sait broder le réel, poétiser la difficulté d'être, fermer les yeux sur la tristesse, la lai-
deur, la mort des choses, l'usure. Elle est enchante-
resse et dispensatrice du rêve... « la seule forme de
réalité acceptable » (*Moi, mes souliers*).

La mort, Dieu, la permanence

Félix Leclerc est un conteur, pas un philosophe.
Il ne veut pas. Il y a donc non pas une réflexion sur
la mort, mais des histoires de morts, mort de chacun
selon qu'il a vécu. Chacun va vers sa propre mort,
d'instinct, qu'il la cherche ou qu'il la subisse. Mort
par désespoir de Petit Pierre, mort enfantine et sage
du vieux dans *Les Nouveau-nés,* mort de la Gigueuse plus mystérieuse, prêtant à plusieurs interpréta-
tions. Mort glorieuse de Mac Pherson, qui a rompu
les amarres et se fond dans la nature toute-puissante.
Mort de Pinky le chien par fidélité à l'amitié.

En fait, Leclerc, comme tous ceux qui ont un sens
profond de la vie, est fataliste. Cela va avec les mille
morts et les mille renaissances de la terre que sont
les saisons, l'abattage des arbres, l'eau prisonnière
des glaces. Cela va aussi avec le combat de la vie:

chaque forme de vie pour durer en étouffe d'autres, chaque être vivant pour arriver à la vieillesse se transforme au gré de son environnement. La mort est la contrepartie et comme la garantie de la vie.

Au milieu de cette existence profuse on ne demanderait qu'à trouver sa place, à reconnaître un ordre, à dépendre d'un ami tout-puissant. Cet ami, c'est le roi qui pourrait bien être un visage de Dieu (*Le Roi viendra demain*). Mais l'homme cherche en vain la manifestation du regard divin sur la création et la nécessité de la vie humaine:

> J'aurais été ton chien, l'ombre de ton tilleul
> Ton bien, ton pain, ta main, ton verre et ton filleul
> Mais tu t'en vas tout seul et je n'existe pas
> Pas plus que la meule au fond d'un débarras...
>
> Si tu viens / Serai rien / Que la trace / Sous ton pied
> Si tu viens / Serai rien / Que du sable / Dans ta main.
> (*Dieu qui dort*)

Leclerc ne s'attarde jamais au passé. Le présent seul compte, sur qui l'homme peut agir. Quant au futur... au devenir... Lorsque le mouvement de la vie s'arrête, tout devient très lent, tout se mêle dans une permanence des éléments qui serait l'éternité humaine. N'est-ce pas le sens du texte riche, de la belle mélodie des *Mouillures*? Et comment appeler « chanson » cette forme diluée dans le temps et dans l'espace, en un lent mouvement d'éventail. Dans ses plus belles pages Leclerc est libre de tout. On ne peut plus le rattacher à rien. On peut seulement le suivre,

comme dans ces neuf lignes de texte qui nous en-
traînent au-delà de tout:

Quand ils auront franchi ce terrible désert
Et que les mains tendues ils atteindront la mer
Une traînante barque les rejoindra bientôt
On les acceptera avec leurs misères
Ils cacheront leur corps sous un même manteau
Pareils à deux lierres à jamais enlacés
Qui mêlent leurs amours leurs bras leur chevelure
Ainsi nous glisserons à travers les mouillures
Bus par l'éternité, bus par l'éternité.

III. L'AUTEUR-COMPOSITEUR

Félix Leclerc est un des grands auteurs compositeurs de chansons de notre siècle. La preuve en est que, comme pour un Trenet, un Brassens, un Brel, un Béart, une Barbara aussi, la plupart de ses chansons appellent immédiatement son nom. Elles sont marquées au coin de sa personnalité, par leur allure poétique et musicale.

Il ne sera guère question de poésie pourtant ici, sinon pour y rapporter la musique. Le sujet a été magistralement traité par Jean-Claude Le Pennec qui, dans *L'univers poétique de Félix Leclerc,* dépouille systématiquement les procédés poétiques, les thèmes et les images chers au poète.

Reste la musique. Simplicité apparente, caractère d'évidence, grande plasticité, riche contenu.

SURVOL

A comparer les dates des chansons, apparaît un fait troublant: fidèle à lui-même depuis ses vingt ans, Félix Leclerc n'évolue pas. Quelques-unes de ses premières chansons sont de purs chefs-d'œuvre, libres d'entraves; quelques-unes des dernières sont parmi les plus simples et les plus traditionnelles.

Notre sentier date de 1934, *Bozo* et *Mouillures* de 1946, *La Drave* de 1954, *L'Héritage* de 1957, *Sur la corde à linge* de 1963, *Mes longs voyages* de 1965, *Les Moutons sur la rivière* de 1968.

Tout au plus voit-on se dessiner vaguement des empreintes. La première venue en France et en Europe en 1950 entraîne un changement de ton momentané au contact de la chanson française. *Les Dimanches, L'Abeille, Les Perdrix, Le Roi et le laboureur, Tirelou* en sont peut-être les témoins. Mais elle coïncide aussi avec une période de fécondité. Tous les fruits mûrs sont cueillis à la fois, par un trop-plein d'épanouissement.

Il semble aussi que l'apport du folklore noir (style jazzé) disparaisse sauf réminiscences après *Blues pour Pinky* (1955), au profit de l'élément tzigane qui envahit lentement tout ou partie de bien des chansons après *Le Roi viendra demain* (1957).

Ce ne sont peut-être là que des impressions. Les trouvailles n'ont pas d'âge, non plus que les formes traditionnelles. Mais le travail du temps se remarque par un remodelage, un nuancement des styles et une certaine libération des éléments les plus personnels. Il est probable encore que Félix Leclerc n'a conservé que très peu de chansons des premières années, par un décantage naturel.

MYTHES LITTÉRAIRES

On retrouve dans les chansons, parfois à des années de distance, des sujets qui ont été ou seront chers au conteur ou au romancier. Et cette continuité est émouvante, traduisant par ses saillies des préoccupations constantes, donc une unité de cheminement intérieur.

Moi, mes souliers (1948) est aussi un recueil de souvenirs sur le premier âge adulte et ses pérégrinations (1954). *Le P'tit Bonheur* (1948) est la même année une pièce de théâtre. *Le Traversier* (1944), dialogue que rend douloureux le divorce entre la vieille voix, qui vit dans le souvenir, et la jeune, qui constate la dégradation de l'homme et de son bateau, est une version autre et condensée du conte du même nom. *Le Petit Soulier rose* (1940) est le support fragile de l'amour rêvé, impossible et unilatéral du *Soulier dans les labours*, autre conte paru en 1949.

Parmi Ti-Jean, Bozo, Petit Pierre, l'Agité, Tirelou qui ont tous quelque chose de leur auteur se trouve glissé *Francis* (1947). Or il est un peu partout dans les derniers livres de Félix Leclerc: *Le calepin d'un flâneur, Chansons pour tes yeux*. Qui est Francis ? Ni vagabond, ni sauvage, ni sage, ni bien, ni mal, il est fui par les hommes et par le sort, comme laissé à l'écart, ne parvenant pas à être à l'aise dans aucune situation comme on peut l'être dans un vieux vêtement ou dans sa peau. Où qu'on le croie, il est déjà « ailleurs »...

Autre personnage ambigu et fascinant: le roi. Mal à l'aise de même dans son rôle, il recherche sans l'atteindre l'amitié de l'homme simple; il fuit son pouvoir qui l'éloigne de la vie. Mais sa toute-puissance est oppressante aux autres. Et son amitié recherchée, convoitée, prend au lieu de donner, libérant l'homme pauvre du peu qu'il avait en trop. (*Le Roi et le laboureur, Le Roi heureux, Le Roi chasseur, Le Roi viendra demain*). Dans ce dernier cas le roi est la manifestation de l'amitié divine, à l'inverse du doute et de la négation qu'exprime *Dieu qui dort*. Face positive, face négative, dualisme fréquent chez Leclerc.

CONTENU

Le contenu des chansons est apparu à l'évocation de l'homme et des grands thèmes. Sans y revenir en détails, on peut le ramener à deux aspects principaux et quelques aspects secondaires.

La plupart des chansons se rangent en deux catégories: chansons à histoire, chansons de réflexion — selon les traditionnels genres narratif et lyrique. Parmi les premières, *Le Québecquois, Contumace, La chanson du vieux polisson, Mac Pherson,* etc. Parmi les secondes, toutes les expressions de l'amour, les méditations sur la vie (essence et aspects quotidiens), les réflexions sur soi; *Notre sentier, Le Jour qui s'appelle aujourd'hui, Les Soupirs, Qu'ont vu tes yeux, Ailleurs, Dieu qui dort, Mes longs voyages, Passage de l'outarde* s'y rattachent entre autres.

Plusieurs chansons courtes tirent leur intensité d'un rare pouvoir d'évocation: *Mouillures, Complot d'enfants, Au même clou, L'Eau de l'hiver, Le Loup, Nuage noir, Le Bonhomme et la jeune fille.*

D'autres prennent l'allure d'un jeu poétique, virtuosité du verbe, collier de paroles. Peut-être parce que « la poésie délivre ». Ce sont *L'Abeille, Tour de reins, Perdu gagné, Tu te lèveras tôt*. Et aussi des développements par litanie ou incantation: *Litanies du petit homme, La Vie, l'amour, la mort, Douleur, La Vie*, et dans une forme plus libre *En muet, Variations sur le verbe donner, La Gaspésie*.

forme:

A, B, C	=	autant d'éléments ou termes différents
A, A', A"	=	le même élément varié
R	=	refrain
A, AA', BB'	=	couplets simples
AB, ABC	=	couplets composés
A R	=	couplet + refrain

modulations:

M	=	mode Majeur
		—
m	=	mode mineur
		—
+ ½ ton	=	modulation au ½ ton supérieur
—		ou inférieur

FORMES

« Les formes et les informes », mentionnait l'introduction. Félix Leclerc a fait le tour de la question. Au hasard des textes, la construction du poème ou de l'histoire s'est fixée dans le moule musical le mieux approprié. Du simple au complexe, du plus traditionnellement fixé au plus libre, il y a chez Leclerc une abondance et une diversité qui font de l'expression formelle une étape importante de sa pensée musicale.

La plus simple et la plus ancienne des formes est la *chanson à couplets*. Elle convient par excellence aux chansons folkloriques, tendant à la complainte, à la rengaine, à la ronde ou à la ritournelle: *La Chanson du vieux polisson, Lettre de mon frère, La Chanson du pharmacien, Les Moutons sur la rivière*. Elle est bonne aussi pour des histoires d'un accent plus personnel, telles que *Le Bal, Les Nouveau-nés, Moi, mes souliers*. Et même pour les textes poétiques et intérieurs, car en s'effaçant elle leur laisse le champ libre: *La Mer n'est pas la mer, La Vie, l'amour, la mort, La Gaspésie, Passage de l'outarde*.

Le couplet, simple au départ, peut se travailler de bien des façons. L'une d'elles, fréquente chez Leclerc, est d'alterner modes majeur et mineur, créant un balancement expressif. Ainsi *Petit Pierre, Francis. Les Soupirs* adoptent le même effet par le rapport de deux tons majeurs à distance d'une tierce.

Une autre, plus subtile et le plus souvent liée au rythme du poème, est de libérer le vers, le couplet ou la chanson par éclatement, cassure, asymétrie. Dans *La Gigue*, le rythme imperturbable est rompu du fait des vers de 7-8-7-6 pieds, le dernier continué à la guitare avant l'enchaînement au couplet suivant. Même procédé dans *L'Agité*, où l'asymétrie des vers de 14-12 pieds est accentuée par celle de phrases musicales de 18-12 temps, ce qui fait lointaines les réponses de l'agité préoccupé par la mort aux demandes banales et tout extérieures des voisins, et peu à peu nous fait passer de l'indifférence polie à la gravité intérieure. Les *Litanies du petit homme* prennent une résonance vraie du dernier vers non mesuré, avec des petits mots involontaires: « c'est vrai... c'est faux... c'est les deux !; ... demain sera de l'engrais, ça c'est vrai...; ensemble... chacun son bord » dans une psalmodie toute simple et un peu triste, redescendant indéfiniment ses quatre notes répétées. *Qu'ont vu tes yeux* et *En muet* déroulent des couplets de vers libres, semblables donc mais non identiques.

* * *

La substance musicale du couplet peut être composée, riche de plusieurs termes. De nombreuses chansons seront ainsi faites de longs *couplets composés* développant deux ou trois termes de nature musicale différente.

Notre sentier en est l'illustration la plus simple, la plus harmonieuse aussi. La substance musicale est unique, mais son intonation lui donne un sens différent dans un premier terme, en mode mineur et descendant, et dans un second retourné vers l'aigu dans le ton relatif majeur. L'attente mêle la désespérance et l'espérance, la vacuité du cœur et la vie de la nature hivernale.

Le Loup possède un charme mystérieux et insolite, qu'il faut renoncer à analyser.

Blues pour Pinky alterne un élément de tendance récitative et un élément du plus pur style New-Orleans, à quatre temps syncopés, en des tons majeurs à distance de sixte. L'homme a manqué au chien, qui se laissera mourir d'amour déçu; et la trouvaille est d'avoir remplacé, juste avant le suicide du chien, le texte du terme jazzé par un couplet d'improvisation instrumentale, idée reprise en coda sur l'autre élément musical.

L'Hymne au printemps, Le P'tit Bonheur, Le Roi heureux, Les Soirs d'hiver se rattachent à la forme en couplets composés, en appliquant aux deux termes du couplet l'alternance des modes majeur et mineur. *La Fille de l'île* en est une expression particulièrement heureuse, longue rêverie sur l'amour partagé entre ce qui est et ce qui pourrait être, l'amoureux qui se trompe sur son compte en l'irréalisant et elle qui voudrait l'aider en portant avec lui le réel.

Contumace applique rigoureusement la forme: terme double — terme composé suivant le schéma AA BB' — AA BB' — + ½ ton A BB', avec prélude et postlude sifflés par B' en ritournelle. La chanson est faite sur des alexandrins à deux césures (3 x 4 pieds), dont les deux premiers vers du terme B (10-7 pieds) sont un allongement asymétrique:

(A) Un habitant / d'l'île d'Orléans / philosophait...

(B) Monsieur, monsieur, / vous êtes sous arrêt
     Parc'que vous philosophez...
     Suivez, monsieur, / en prison vous venez...

Enchaîne la ritournelle B' (8-8-8-12 pieds), qui rejoint AA par son caractère musical puis par son rythme, bouclant le couplet.

Tout aussi rigoureuse, la chanson *Présence* est faite de cinq couplets de type AA B dont le cinquième est inachevé, marquant « Si jamais tu t'en vas ma mie. Je m'en irai aussi »... Le sentiment d'incertitude est souligné tout au long par le décalage entre les rimes (10-4-6-6 pieds) et le phrasé musical (6-8-6-6) que prolongent des points d'orgue de respiration.

Prière bohémienne applique la forme AA B deux fois répétée à des couplets tout à fait libres rythmiquement et psalmodiés.

La Fête se développe sans surprise, au rythme de l'attente empressée et joyeuse, un peu simplette aussi avec ses accents bien francs, jusqu'à la brisure finale en points de suspension de vrai désarroi:

    ... Six heures, neuf heures, personne...
    Voilà dix heures qui sonnent...
    Personn'n'est v'nu
    Personn'n'est v'nu...
    Et j'ai nuité, et j'ai nuité...
    ...Tout seul...

De même que *Présence* et *Contumace* sont des classiques du couplet à deux termes, *Mac Pherson* incarne le couplet à trois termes. Schéma: AA BB C — BB C — AA BB C, (développé en coda répétée). La contraction du deuxième couplet dont AA est absent marque l'éloignement du contexte quotidien, la rupture avec la vie. La répétition de la phrase musicale en coda installe le glas, non funèbre mais amical (comme celui des *Nouveau-nés),* du lac Saint-Jean pour celui qui s'est donné à lui.

Le texte de *L'Imbécile* était trop éloquent, qui établissait un parrallélisme à son auteur. La force de la chanson est d'avoir interrompu le deuxième couplet: A B C — A B..., en pleine phrase. La culbute en point d'interrogation fouette l'imagination et trahit l'inconstance du personnage.

* * *

Assez rarement est employée la forme *couplet-refrain,* plus astreignante il est vrai à cause de la répétition forcée. Ce n'est pas un hasard si Félix Leclerc la réserve à des chansons de type folklorique et satirique. *Attends-moi ti-gars* est une satire de la loi du plus fort. *Oh ! mon maître* aussi, où le débit rapide des couplets triples du maître AA'A (A' en mode mineur) s'interrompt des soupirs douloureusement espacés de son engagé: « Oh ! mon maître... débarquez d'en-d'ssus moué ! »

Dans *L'Héritage,* comme dans *Attends-moi ti-gars*, le refrain a même importance que le couplet, mais son ironie macabre est sans fléchissement, d'autant qu'elle enchaîne sec sur une modulation au ½ ton supérieur ou inférieur suivant un ordre plaisant:

AR — +AR —+ AR — + AR —
—AR — --AR — + AR — + AR

Le Train du Nord épouse cette même forme, mais de loin. Il nous emmène en plein rêve, ce train du

Nord, sans but, sans voyageur, sans conducteur. Le refrain qui revient deux fois seulement, avec la tierce mineure-majeure hésitante du blues:

« Oh ! Le train du Nord... Tchou, tchou, tchou, tchou », c'est le mélancolique sifflet des vieux trains à vapeur qui traînent avec eux la montagne, l'automne, les brumes sur les lacs et les ciels de l'aube et du crépuscule: une bonne part de notre âme conjuguée au passé de l'enfance. Il marque le pas à la fin de chaque vers, sur un long point d'orgue de fond jazzé à la guitare, d'une durée incertaine, jamais la même, de 5 jusqu'à 14 temps...

* * *

La forme à *couplets composés* s'enrichit de l'introduction de genres, de styles ou de caractères musicaux tranchés, les termes successifs étant autant de juxtapositions. *Le Québecquois* avec ses deux chansons d'amour, *Le Roi et le laboureur, Tu te lèveras tôt, Tour de reins, Dieu qui dort, Le Roi viendra demain* et *Comme Abraham* appartiennent à cette catégorie.

Dieu qui dort, c'est sur une valse lente l'indifférence divine et la fuite de la vie, en quatrains de trois pieds à rimes répétées. C'est aussi en contraste l'accumulation d'alexandrins où l'homme réclame et supplie, pour finalement épouser l'autre rythme, offrir enfin, adhérer, s'effacer.

Le Roi viendra demain, d'après un texte de Tagore, est imprégné d'un contexte tzigane où le premier terme, développé, est à caractère de récitatif avec tenue des accents toniques:

Au ruisseau me suis baigné comme font tous les
[bohémiens...,

tandis que le second est un galop enlevé sur quatre vers de 8-5-8-5 pieds, avec de plus, d'un terme à l'autre, l'opposition des modes majeur et mineur.

Comme Abraham développe ses trois éléments suivant le schéma: AAA B CC' — AAA B CC', la dernière phrase musicale étant reprise trois fois en coda. A est un appel juvénile trois fois lancé: « Qu'il se lève celui / qui ne s'paie pas dix minutes / dix minutes de calomnie / par jour »... sur des vers de 21 pieds (!), fragmentés en 5-7-7-2, d'où la chute brève noyée dans l'accompagnement continu qui la prolonge de trois mesures. B, rupture brutale: « Personne n'a bougé », martelé plus que déclamé avec passage au mineur. CC' retourne au majeur pour un long refrain balancé comme un blues, qui s'évade du quotidien:

Comme Abraham, Isaac et Jérémie...
Lancer un câble à l'étoile dans la nuit...

* * *

La *forme ABA*, tôt utilisée par Félix Leclerc puisqu'on en trouve une application parfaite dès 1946 dans *Bozo*, est traditionnelle dans la mélodie classique. Elle est prégnante dans les lieder depuis Schubert. C'est même plus anciennement l' « aria da capo » de l'opéra classique. La plus harmonieuse, elle referme la chanson sur elle-même. On la trouve dans des chansons d'amour: *La Complainte du pêcheur, Dialogue d'amoureux, Je cherche un abri,* et dans *Sur la corde à linge, Tzigane, La Vie.* Donc pour quelques-unes des chansons brèves.

Tzigane est en style d'improvisation, avec deux vers centraux balancés. Dans *La Vie*, la courte litanie de quatre vers est enchâssée entre deux longues phrases instrumentales dans le ton relatif mineur en style d'adagio classique, au quatuor à cordes. *Sur la corde à linge* est une ronde deux fois répétée autour d'un court couplet nostalgique à la tzigane, qui avait été préparé par un prélude au violon, l'élément de ronde étant en mode majeur, l'autre en mineur.

Je cherche un abri assouplit et élargit la forme. Emise par le poète suivant un plan: AA' B A" (les deux derniers vers du dernier quatrain étant bissés), elle est intégralement répandue par la femme, à l'image du texte, le bis final étant repris par l'homme, dans un caractère général d'ironie et d'attente sereine.

Dialogue d'amoureux est une chanson d'amour partagé des plus attachantes, faite sur les deux pôles de l'amour: la tendresse enjouée, qui s'exprime et se dialogue, et la voix sourde de la passion, qui appelle la mer et le surnaturel, pour ne pas dire la mort — qui ne serait pas de mise ici. Le premier élément est une ritournelle paisible qui passe de l'homme à la femme et se conclut — le deuxième, inattendu, émerge et monte lentement dans une tonalité lumineuse et froide (sol majeur après fa majeur), se confirme par sa répétition — le retour du dialogue initial apaise.

La complainte du fou Bozo touche la perfection par la rigueur et la simplicité des moyens mis en œuvre. Les couplets mélancoliques égrennent trois tercets de 4-4-2 pieds à rime triple, avec l'asymétrie finale de deux vers 4-6 pieds. L'élément central, indépendant, passe au mineur pour retourner la situation: à la reprise, au lieu de voir par les yeux de Bozo, c'est le réel qui apparaît sur la même musique: « Ni le château... Ni musiciens »..., pour finalement détruire la féerie aux yeux du fou lui-même: « Pauvre Bozo / Pleurant sur son radeau »...

* * *

Un peu d'indépendance à l'égard des formes envisagées et une construction plus élaborée amènent à des formes complexes, jusqu'à l'éclatement des grandes chansons: *Mes longs Voyages* et *La Drave*.

La juxtaposition de deux *chansons à couplets* donne une forme: Aaa... Bbb... C'est elle qu'on trouve dans *Demain si la mer, Ailleurs* (AA' — coda double), *Le Jour qui s'appelle aujourd'hui*. Cette dernière chanson développe la forme de la précédente et c'est normal: il en est de même pour les textes. Solitude (volontaire ou involontaire) dans l'amour et désir d'union (ailleurs, ou un jour à venir). On aboutit à une forme d'apparence complexe: AA'A"A' — BB, qui en fait épouse étroitement un texte à strophes libres et irrégulières, notamment les trois derniers vers des deuxième et quatrième strophes sur une même phrase musicale répétée, et le beau développement lyrique de la troisième strophe.

La *Chanson des colons* est une chanson à *couplets composés,* bâtie sur l'opposition de deux éléments: les innombrables petites tâches d'au jour le jour sur une valse populaire en mineur; l'évocation d'une vie sans histoire, élément rêveur en majeur. Une introduction évoque déjà cette opposition: ... « Je voudrais m'en aller / Et voler dans l'horizon, / Mais j'ai c'te maison / rivée aux talons ». Plan: A — BCBCB.

Introduction encore pour *La Danse la moins jolie,* qui est une *forme ABA.* Elle débute sur une anecdote dramatique, en mineur: Ti-Jean le chasseur tue et tuera. Là-dessus la chanson proprement dite peut prendre son élan, établissant son rythme sur le mode majeur. Plan: AA — BB' CC B'.

Premier amour, chanson à *couplets-refrain,* débute sur l'évocation d'une vision en style d'improvisation. Vision de rêve, si belle que seule elle a pu entraîner le premier amour de ce garçon, de cette fille qui ni l'un ni l'autre « Ne parle ni ne dort ni ne mange ni ne sort », dans une chanson à couplets et refrain d'un double caractère tzigane: valse fortement accentuée du refrain au rythme asymétrique (9-8-9-6 pieds), caractère plus sauvage du couplet qui rêve d'évasion en élans successifs, avec passage du majeur au mineur. La vision initiale est rappelée pour rompre la chanson. Schéma: ABA — RCRCR — A.

Y'a des amours est une toute simple chanson, une comptine d'amour murmurée par l'amoureux. Mais c'est plus fort que lui, un cri lui échappe du cœur au beau milieu. « Je l'aime tant / que j'éclaterais comme foudre / Si j'apprenais qu'elle s'amuse sans moi »... Et c'est ce cri-là, qu'il n'avait pas voulu, qui nous poursuit longtemps, après. Schéma: AA' — B — A.

Le mouvement perpétuel des *Variations sur le verbe donner* tire son humour de ce qu'il doit se remettre en train à chaque couplet, pour se bousculer et sembler ne plus pouvoir s'arrêter. Mais si « donner » se conjugue d'abord au général, un second élément musical fait virer la chanson à l'anecdote particulière du parapluie, en reprenant bien sûr le *perpetuum mobile*... Plan: AA'AA — B AA'.

Si tu crois est une chanson d'amour menteur, et comment s'y reconnaître dans la suite de démentis à la belle, s'il n'y avait par deux fois quatre petits vers pour nous fixer: que la belle s'en aille (valse en mineur), que la vie se fane (coda libre). Schéma: AA B AA C.

* * *

La Drave — 1954

Modèle et plus grand développement de la chanson de courage, ou de travail. Plutôt qu'une chanson — ce qu'elle est à la perfection sur le plan musical — c'est un grand jeu dramatique où se superposent deux centres d'intérêt:
— l'histoire du travail (ce qui fait « aller » la chan-

son d'un élément au suivant, sans retour, comme
se déroule le travail de la drave, comme se
descend le fleuve);
— le personnage de Sylvio, sa lutte personnelle avec
la mort invisible et présente, ses préoccupations
de chef de drave qui ne le quittent pas, son coin
de vie familière qui affleure (ce qui fait l'unité de
la chanson par le retour d'éléments musicaux, et
l'élargit par l'insertion de courtes improvisations
selon les détours de la pensée de Sylvio).

« ça commence au fond du lac brûlé... »
élément A
= décor et début de l'aventure
= élément A, qui sera dans un autre ton le refrain de
Sylvio (« Dans sa tête... »)

« La mort à longues manches... »
élément B (2 fois)
= la magicienne maléfique tapie dans l'eau sous les
pieds des draveurs.
Donc annoncée toute première mais on n'en parlera
plus.

« Sylvio danse et se déhanche... »
élément C
= riposte de Sylvio à la mort, son escrime, jeu et
combat.
valse fortement rythmée et tanguée, ré majeur
après mineur.

« Thauvette, Sylvio Morin... »
élément D (2 fois)
= présentation de l'équipe qui n'en finit pas (80 hommes à guider...)
ritournelle jazzée.

« On creuse un trou... »

> élément E et refrain (2 fois)

= on dynamite la glace pour déclencher le mouvement, la nature s'immobilise.

> couplet récitatif et refrain tragiques, sol mineur.

« Et tout est calme jusqu'à demain matin »

> césure

= rupture au milieu de la chanson — désormais Sylvio prendra la première place — c'est d'ailleurs maintenant que son rôle commence vraiment.

« Dans sa tête... »

> élément A, refrain de Sylvio

= la hantise du métier qu'on voit partout, le jour et la nuit...

> côté lancinant de l'appel jazzé dans l'aigu.

« Melançon s'est noyé par ici... »

> élément ajouté (x)

= allusion à la mort, responsabilité.

Reprise de A.
« Pour arriver au moulin... »

> élément F (3 fois)

= la ronde des billots au fil de l'eau — raison du travail, après ce sera fête, et pourquoi des billots ?

« Les heures sont longues... »

> élément ajouté (x)

= la pensée s'évade au milieu de la ronde du travail.

> caractère musical teinté de tzigane, si b mineur après majeur.

« Dans sa tête... »

> élément A

= la vraie raison de la vie de Sylvio, son évasion véritable, son guide.

C'est pourquoi il gagnera la partie:

« Sylvio danse et se déhanche... »
élément C (3 fois)
= d'où la longue coda, une première fois chantée sans
paroles, puis avec, puis sifflée, avec l'insistance finale « ... reste debout ! »
ré majeur lumineux après la longue période
en si bémol.

Schéma complexe où
A, C, x appartiennent à Sylvio,
B   est la mort,
D, ER, F sont les étapes du travail.
Le choix des tonalités renforce le rôle de chaque
élément dans la structure d'ensemble.

A	BB	C	DD	ERER	/ césure/
fa	rém	réM fa		solm	solM

A	x	A	F x	F F	A	C C C
sib	solm	sib		sibm sibM		réM

Mes longs voyages — 1965

Itinéraire spirituel, jamais achevé. Chanson d'un
homme qui croit qu'il y a une issue, un chemin; qui
refuse la stagnation et même l'état; qui pense qu'on
devient, par soi-même, par l'amour, par la nouvelle
vie créée. Toute la signification de la chanson dans
la première strophe:

« Quand je sortirai / De ce pays vieux / Que sont mes
naufrages »
= j'en sortirai.
= vieux, c'est-à-dire habituel, et aussi passé.

= mes naufrages: nommés, ils sont acceptés, déjà dépassés.

« Quand je rentrerai / Dans ce pays neuf / Qui est ton visage »
= symétrie poétique.
= renouvellement par l'amour, échec à la solitude, contemplation de l'autre.

« Alors je fermerai les yeux
Et je réveillerai / Mes équipages / Mes longs voyages »
= fermer les yeux au passé vécu.
= fermer les yeux pour mieux plonger dans ce qui est à vivre.
= je réveillerai: pour toi, par toi.

> Tout ce début (élément A) est une improvisation chantante à longues césures, de caractère méditatif, sur fond d'arpèges.

« Quand j'étais fils de loup... »
Qu'étaient ces longs voyages passés, ces naufrages ?
— des relations difficiles et trompeuses avec les hommes (élément B)
> ronde précipitée haletante répétée blessante.
— un retranchement voulu simultané dans l'irréel (élément C)
> improvisation en va-et-vient sur 2 notes, avec petite valse nostalgique en fond.

« Tous ces cheminements »... (élément A)
Maintenant se développe une deuxième chanson, qu'avait fait pressentir l'introduction.

« ... cet heureux temps de misère et de vent »
= annonce l'évasion finale d'un bonheur immobile impossible.

« ... un lien / Qui me vengera bien
En se tenant très près / Des Hommes, faux ou vrais...
En se tenant très près / Surtout de sa mère... »
= paternité, projection de ce qui n'a pas été accompli
par l'homme.
= un lien: ce qui a été inacceptable et l'est encore à
l'homme.
        rappel (musical seulement) de l'élément C.

coda en antithèses, comme l'introduction:
« Maintenant je suis là / Si demain je m'en vas
Retiens-moi / Rejoins-moi
Si je meurs / Nous irons vivre ailleurs. »

Forme: jonction de deux chansons, l'une de ce qui a été
(B et C — chanson de milieu, C en mineur), l'autre de
ce qui va être (A — en introduction, et surtout développé en fin). Ou si l'on veut, forme ABA éclatée, A et C
étant très libres.

Schéma: A — BB CC B CC' — A AC A

* * *

Une dernière catégorie de chansons et la plus
intéressante groupe celles qu'on ne peut ramener à
des formes fixes et que nous appellerons *formes
libres*. Chansons presque toutes très brèves, elles
manifestent idéalement le dégagement, l'absence
d'entraves, la liberté de Félix Leclerc à l'égard de
toute tradition. La chanson, c'est ce qu'on veut, c'est
ce qui tout d'un coup surgit comme un besoin,
besoin qu'il faut parer, manque qu'il faut remplir.
Alors il n'y a plus de loi ni d'habitude qui tienne.

On peut lire dans *Chansons pour tes yeux* ce joli
principe de vie intérieure: « On ne nous enseigne

pas que le péché libère et que la vertu enchaîne, mais on finit toujours par l'apprendre ! » Si péché fait place à licence et vertu à règle, voici qu'apparaît la clef des chansons de Félix Leclerc, de ce que leur connaissance nous apporte de plus précieux.

Non qu'il s'agisse d'improvisation anarchique ou nonchalante, loin de là. Simplement de libre réponse à un besoin, à l'aide d'un instinct profond, de beaucoup d'intuition, d'une disponibilité envers la musique intérieure, qui permettent lorsque c'est nécessaire d'écarter tout terrain sûr, toute formule éprouvée, tout chemin tracé, pour faire quelque chose qui ne ressemble à rien.

C'est ici qu'on voit combien, pour Félix Leclerc, une chanson est avant tout un acte poétique, entier complet, avec sa naissance, son être, son accomplissement, ses résonances. Une vie. Avant quoi il n'y avait rien de semblable et que rien ensuite ne pourra remplacer. A sa façon, à son échelle, un fragment de création. Comment en serait-il autrement pour cet homme qui fait chaque année trois à quatre chansons, pas plus; qui pense qu'il n'a pas perdu sa journée, s'il lui est venu à la vivre une image à conserver; qui a la sagesse de cultiver plusieurs moyens d'expression — chanson, roman, poésie, théâtre — comme le paysan pratique l'assolement, pour féconder sa terre.

* * *

Parlons ici de « chansons libres »; mais on pourrait dire aussi « mélodies ». On pourrait dire encore

« poésie », puisqu'il y a bien longtemps celle-ci fut pour beaucoup de peuples l'union du verbe et de la musique. Ce qu'il y a dans ces chansons, ce qu'elles ont en commun, c'est d'abord un texte dense, qui dans une forme ramassée possède un pouvoir d'évocation qui entraîne loin; puis une musique fidèle, qui épouse le texte et plutôt sourd de lui, sa vie découlant de celle des paroles. Les mots, fascinant et envoûtant le chanteur, lui viennent aux lèvres mélodieusement, porteurs à qui sait les entendre et les dire du germe musical.

Cela ne ressemble-t-il pas au don d'Orphée ? N'est-ce pas la démarche de mélodistes comme Schumann ou Fauré, et à travers une forme encore classique de ce Schubert tant aimé de Leclerc. Mais attention: encore une fois il n'est pas question de science chez Leclerc, pas de science apprise ni réfléchie. Pas d'un naturel retrouvé au bout de longs détours d'intelligence et de technique. Un rêve intérieur, une contemplation extérieure, installés à demeure pour la vie, c'est aussi une façon de travailler, de trouver, de créer. Une intelligence de la sensibilité, non de l'esprit. Un univers concret, non coupé de la vie. Une écoute du silence et non des voix des autres. Il faut pour goûter lieder et mélodies une culture (musicale en particulier) plus qu'élémentaire, car ce sont des fruits de serre. Alors que ces chansons parlent directement à qui sait faire silence en lui-même: *Sur le bouleau, Echo, Au même clou, L'Eau de l'hiver, Le Bonhomme et la jeune fille, Mouillures,* et encore: *Manic 5, Complot d'enfants, Un étalon fougueux.* D'autres aussi, évoquées plus haut parce que la netteté de leur contenu et de leur forme en facilite l'accès: *Le Loup, Dialogue d'amoureux, Qu'ont vu tes yeux, Ailleurs, Tzigane.*

Il est bien difficile de tenter une explication de ces chansons. Risque de les abîmer, de les fausser, de les déflorer. Ce qui suit est réduit au minimum.

Sur le bouleau, en une phrase murmurée puis chantée un souvenir amoureux s'exhale du nom gravé dans l'écorce blanche.

Echo, autre chanson de souvenir en trois périodes. L'écho refuse de renvoyer le nom de l'amie (appel développé répété) — elle « n'est plus de la terre » (bercement sur un rythme ternaire) — chant pour la disparue (descente chromatique, répétée avec la chute brève « Que je suis sans nouvelles / D'elle »...).

Au même clou, L'Eau de l'hiver, deux expressions de l'amour épanoui, l'une par le partage quotidien, l'autre fondue à la nature. Courbes mélodiques à allure de récitatif ou de psalmodie, répétées en un second couplet.

Le Bonhomme et la jeune fille, poésie-conte d'un réciproque dépit amoureux. Ils se voient mais ne peuvent se rencontrer, ni dans le temps (elle dort cent ans — il a fondu) ni dans l'espace (ils sont si différents). Deux couplets de six vers sur une seule rime sourde (-ant puis -ue), psalmodie dérythmée appuyée à la même note haute sur la fin de chaque vers.

Mouillures, chanson assez ancienne. Une seule ligne mélodique ascendante-descendante, en éventail ouvert et refermé, issue d'un enchaînement d'harmonies chromatiques détaillé par la guitare.

Manic 5, comme les chansons suivantes, peut être expliqué comme une *forme rhapsodique,* les éléments mélodiques s'attirant l'un l'autre comme « mailles d'une chaîne » sur la trame d'une valse tendre, tout en se pliant à l'accentuation et au profil du texte. Il faut savoir qu'on surprend le dialogue à distance d'un ouvrier des chantiers et de sa femme restée à la maison.

Complot d'enfants: désir caressé, développé à chaque rencontre, surpris par nous dans un murmure répété.

Un nuage noir, le plus bel exemple de fidélité mélodique à la prosodie — ce que peu de chanteurs et de compositeurs peuvent se flatter de réussir à ce point. D'où vient, où va ce cavalier étrange et lugubre entrevu dans le ciel ?

ÉLÉMENTS D'UN LANGAGE

Styles

Il en a été déjà parlé: Leclerc emprunte et assimile ce qui lui plaît où il lui plaît. Essentiellement, à la source populaire, héritage direct du milieu de l'enfance *(Pieds nus dans l'aube)*. La sœur aînée joue Schubert, la mère apprend aux enfants par oral toutes les chansons qu'elle sait.

L'héritage populaire, c'est le folklore blanc qui est à l'origine de chansons telles que *La Chanson du pharmacien*; le folklore noir aussi, transmis par les pionniers et les colons, qui ressurgit dans *Mac Pherson, Blues pour Pinky* et en maint autre élément de chanson. Traditions assez évidentes, il n'est pas besoin de s'y étendre.

Retrouve-t-on quelque chose de Schubert? Directement non. Mais il est curieux que Félix Leclerc revienne toujours à lui lorsqu'il parle de musique, lui qui justement eut parmi tous les compositeurs la grâce mélodique. Et si, fréquemment, Leclerc nuance ses phrases par des passages au mode mineur ou de simples emprunts (tierce et sixte mineures), il est possible que cela lui soit en partie dicté par son auteur de prédilection, — sauf dans le cas d'une influence manifeste du blues.

L'assimilation la plus profonde, donc aussi la plus difficile à déceler en toute certitude, concerne la musique tzigane. Il faudrait être spécialiste pour voir parfois où commence Leclerc, où s'arrête en lui le tzigane jamais tout à fait sommeillant. D'autre part, cette passion pour une musique d'Europe centrale, qui remonte à ses vingt ans, rejoint une technique de la guitare très riche et très libre, apprise à la même époque d'un Italien qui savait tout faire de son instrument, c'est-à-dire n'importe quoi selon l'inspiration et la nécessité musicale du moment.

Guitare

Les cordes métalliques de l'instrument donnent une saveur particulière à la couleur des accompagnements. Accompagnements? Façon de tisser ou de filer le temps; on l'oublie, pourtant elle est le support direct du chant, son guide et sa ponctuation. D'où pour une bonne part le caractère d'improvisation, même de rêverie. Mais le chant respire, se clôt. N'empêche, le canevas reste, la broderie chemine, installant dans la mémoire ce qui a été dit. Va-et-vient des doigts en arpèges et arabesques, bourdons doublés de quintes et d'octaves (*Comme Abraham*), harmoniques délicats (?), enchaînement d'accords au doigté d'une déroutante simplicité (*La chanson du pharmacien*), les sons coulent comme une eau limpide et capricieuse qui se joue des cailloux. D'autant plus violents par contraste la sécheresse et le mordant dont est capable l'instrument lorsque la chanson l'exige *(Si tu crois)*.

Lignes mélodiques

Il y a un espace mélodique propre à chaque chanteur. Des courbes, des intonations dans lesquelles la voix se meut à l'aise, dont elle ne peut ou ne veut s'évader. C'est pour l'auditeur la signature de l'auteur et comme son portrait musical. Le fait est flagrant chez Félix Leclerc, en dehors des chansons ou éléments de chansons « empruntés », rattachables à d'autres styles. Il se manifeste soit dans un contexte de musique, soit dans un contexte de parole, suivant que l'une ou l'autre prédomine et imprime son mouvement à la chanson.

* * *

Musique, ces mélodies en courbes sans discontinuité, en ondulations progressives et symétriques, s'éloignant du point de départ comme les rides du caillou jeté à l'eau, pour y finalement revenir. En voici quelques exemples.

Les Soirs d'hiver (élément A), trois ondulations ascendantes repliées sur elles-mêmes, quatrième vers au mouvement inversé:

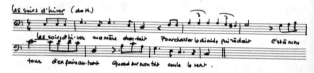

Premier amour (couplet), dans un caractère tzigane, montée en quatre paliers, le dernier contenant aussi la chute:

Dialogue d'amoureux (élément central), au profil parfait:

De même *La Gaspésie*, interprétation d'une énumération-litanie, montée en quatre paliers, chute ralentie dans le grave. Le second terme du couplet ne sera qu'un essai de dépasser vers l'aigu l'élan du premier, comme des coups d'aile contre le vent.

Présence, construit autour de l'opposition rêve-réalité, inverse dans son second terme (ascendant) la démarche du premier (descendant après l'appel arpégé initial):

Du même dessin mélodique procèdent *Moi, mes souliers, Elle n'est pas jolie, Le Traversier*.

Musique aussi, les couplets bâtis sur une mélodie se lovant sur elle-même, tournant et retournant dans les mêmes intervalles. Principe découvert très tôt, on le trouve dès *Notre sentier*:

L'Eau de l'hiver explore un très petit intervalle, une quarte, avec dans la dernière phrase étirement à la sixte par le gain d'une note vers l'aigu et d'une autre vers le grave:

Même procédé dans *Douleur* mais sur un grand intervalle (dixième, ou tierce à l'octave), qui correspond au développement de l'accord fondamental du ton choisi:

On pourrait noter d'une chanson à l'autre les résurgences d'un contour mélodique particulièrement cher à l'auteur, comme c'est le cas dans les trois exemples suivants, empruntés aux chansons *Le Roi viendra demain* (1957), *Ailleurs* (1964) et *Manic 5* (1965):

Le même genre de rapprochement peut se faire entre les passages suivants:

Personn'n'a bougé... (*Comme Abraham*, 1954)
La mort à longues manches... (*La Drave,* même année)
début de *Au même clou* (1956)
début de *Tirelou* (1957)
élément central de *Dialogue d'amoureux* (1954)
début de *Le jour qui s'appelle aujourd'hui* (1964)
Sylvio danse et se débauche... (*La Drave* 1954)
Si beau ce qu'il vit là-bas (*Premier amour,* 1963)

Les dates des chansons comparées appellent deux remarques. La première est qu'on se trouve bien en présence de résurgences, puisque l'écart peut aller de 0 à 10 ans. La seconde, que s'il y a certainement bien d'autres rapprochements à faire dans les cent chansons, ceux qui nous sont venus à l'esprit sont tous postérieurs à 1954, coïncidant avec cette double évolution signalée: début d'une influence musicale tzigane évidente — libération des sources d'inspiration, des thèmes, du langage musical par une intériorisation du travail de création.

Par contre, c'est tout à fait consciemment que l'élément refrain, dans plusieurs chansons, rappelle le ou un des couplets, en présentant différemment la même matière musicale. *L'Héritage* et *Attends-moi ti-gars* en sont d'évidents exemples. Mais aussi *Mac Pherson:*

Dans *Premier amour* il y a parenté subtile entre l'introduction (élément A) et le refrain (R), parenté que l'on pourrait également trouver entre le développement de l'introduction (B) et le couplet (C), le tout dans une teinte tzigane:

Nombre de chansons prennent corps par un appel initial en arpège ascendant. C'est le cas de *Présence* déjà citée, mais aussi de *L'Imbécile* et du refrain de *Comme Abraham:*

Citons encore *Le Québecquois* et *Contumace* (élément B). Puis sous une forme concentrée l'appel en sixte de *Francis, En muet, Quand deux oiseaux*. On peut voir là une façon particulière d'attaquer la chanson, qu'on retrouve dans la franchise avec laquelle le chanteur Félix Leclerc attaque son public: très vite, de front, d'un seul élan.

Parmi les procédés remarquables est notoire le plaisir que prend la musique, dans le cas d'une énumération, à renforcer le texte en scandant les répétitions par autant d'accents. Là encore on pourrait multiplier les exemples. Déjà dans *Le P'tit Bonheur* (élément **B**):

De façon plus proprement musicale dans *Premier amour,* les accents de la valse faisant refrain (exemple cité) s'appuient sur le texte:

> « Ne parl'ni ne dort ni ne mange ni ne sort...
> ...Ne lit ni ne rit ni ne joue avec nous »...

Tu te lèveras tôt et les *Variations sur le verbe donner* reposent sur cette transposition musicale de l'énumération, ainsi que *Tour de reins* et *Les Soupirs.*

Parole

Toutefois dans bien des chansons la force de la parole prédomine. Ce n'est pas un hasard si, en décrivant les chansons à propos des formes, les qualificatifs de « psalmodie », « récitatif », « déclamation » sont apparus. Non plus qu'il a été dit, à propos des chansons libres, que la musique épouse le texte, se plie à lui, prend en lui son essor.

Il est pour un chanteur classique un mode de travail très efficace bien qu'il paraisse à première vue hors de propos. Le procédé consiste, toute mélodie mise de côté, à *dire* le texte. Dire, comme un diseur, comme un récitant, comme un acteur. Retrouver la musique même des mots et des phrases, leurs accents et leurs rythmes propres. L'interprétation musicale ensuite y gagne du tout au tout en profondeur et en vérité, elle prend chair et se dépouille ensemble.

Et si c'était cela, que l'expérience théâtrale avait appris à Félix Leclerc compositeur ?

Faut-il voir une coïncidence accidentelle dans le fait que la plus belle démonstration de chant parlé, ou de parole chantée, — autrement dit de récitatif —, est la chanson *Nuage noir* dont le texte est extrait de la pièce *Les Temples ?* Il n'y a guère d'autre interprétation de la genèse de *Nuage noir*, que l'amplification chantée du texte poétique déclamé, avec son rythme, ses accents, ses intonations:

> Un étalon fougueux _ à dure crinière blanche
> Et lui dessus soudé pâle comme un blessé
> Plus triste que le soir
> Ventre à terre enchaîné il file vers le couchant
> Il en ressort à l'aube,   il entre dans la lune
> Et rase la campagne.
> C'est un nuage noir qui obscurcit les roses
> Et qui fait peur... (bis)

Issue d'une intonation parlée exagérée, une phrase comme la suivante change la dimension de la chanson, classique par ailleurs, des *Perdrix:*

Déclamation ou récitatif encore pour *Le Jour qui s'appelle aujourd'hui,* pour le second terme de *Je cherche un abri* (« Je paierai imprévoyance »...). Il y aurait foule d'exemples de ce qui n'est plus du parlé mais pas encore tout à fait du chant, avec les transitions que cela comporte.

Sous une forme plus simple, le récitatif se fait psalmodie. Là encore les exemples abondent, non seulement comme on peut s'y attendre dans les chansons-litanies — *Litanies du petit homme, Prière bohémienne* —, mais aussi dans d'autres, où le contenu musical très épuré se fait linéaire en estompant le travail rythmique et mélodique:

Même recherche, même simplicité lointaine dans *Le Bonhomme et la jeune fille:*

Enfin *Dialogue d'amoureux* réalise en quintessence les particularités mélodiques de Félix Leclerc, en encadrant le terme central, cité plus haut, d'un dialogue mi-récité, mi-psalmodié, dans un rythme à peine marqué:

Dialogue d'amoureux (fa M)

Quand je te détesterai Pour que tu le voir bien Quand je te déteste.rai te met.
...trai mes cas. quette Depuis cette entente, nos nuits portent chignon
— Et lui, à tous les vents, il marche tête nue.

Rythme

En évoquant le parlé-chanté nous avons plus qu'effleuré l'aspect rythmique. Car ce qui ressort de l'audition des chansons de Félix Leclerc, l'élément important dans le rythme musical tel qu'il le conçoit et l'applique, comme compositeur puis comme chanteur, c'est sa non-régularité, son asymétrie, sa brisure.

Lorsqu'il s'agit de poésie chantée, comme nous venons de le voir, la mesure n'existe pratiquement pas, re-mesurée à une autre échelle qui est celle de la phrase parlée. Suspensions, points d'orgue, respirations, étirement et accourcissements, suivant les périodes et le débit du texte. C'était un peu la conception que s'en faisaient certains troubadours, et l'objet des recherches des musiciens et poètes de la Renaissance française. C'était aussi une caractéristique principale du plain-chant, où les groupes mélodiques (neumes) et l'arsis-thêsis suivent le profil et l'accentuation de la phrase latine.

Lorsqu'il y a chanson dans l'acception courante du terme, c'est-à-dire relief mélodique et rythmique, on retrouve la loi d'asymétrie notée de multiples fois au long des exemples cités. Asymétrie qui, lorsqu'elle n'est pas exprimée dans le poème (vers libres ou irrégularité du nombre de pieds), l'est sur le plan musical.

Une dernière remarque, c'est l'abondance et la variété des rythmes de valses. Depuis *Un petit soulier rose* (valses à 3 et 2 temps) jusqu'à *Une valse,* bien rare s'ils ne surgissent pas à chaque chanson, dans tous les tempos et tous les caractères possibles. On peut penser qu'il y a rencontre et appropriation du folklore dans son expression contemporaine; parfois aussi quelque chose de magique, de merveilleux à rapprocher de la mythologie tissée autour de l'idée de *Bal* et chère à bien des conteurs à travers les âges (voir encore, dans *Pieds nus dans l'aube*, la fête à laquelle sont invités les deux enfants).

En guise de conclusion

> *Un troubadour sans règles, ni lois, ni recettes, ni conseils, qui fait ce qu'il y a dans son cœur, voilà ce que je voulais devenir.*

Cette approche de Félix Leclerc compositeur était trop longue, ou pas assez. Trop longue, elle a pu paraître fastidieuse à celui qui cherchait l'anecdote, qui aurait préféré connaître les circonstances de création de quelques-unes des grandes chansons. Pas assez, elle est plutôt un ensemble de remarques qu'une étude systématique. De plus elle témoigne d'un choix partial parmi la totalité des chansons, choix qui risque de frustrer le goût particulier de chacun.

Elle atteindra pourtant son but si, en sensibilisant les lecteurs à certains traits propres à Félix Leclerc, elle leur facilite une écoute des chansons plus intérieure, moins indifférente, où chacun prolongera sa recherche personnelle.

CENT CHANSONS EN SEPT DISQUES

1953 *MOI, MES SOULIERS*

Moi, mes souliers — Contumace — Elle n'est pas jolie — Bozo — Echo — Francis — Lettre de mon frère — Demain si la mer — La danse la moins jolie — Le p'tit bonheur — Le train du Nord — Petit Pierre — La complainte du pêcheur — L'hymne au printemps — La mer n'est pas la mer — Présence+. Contrebasse Willy Lockwood.+ Avec la voix de Monique Miville-Deschênes, Philips 844 711.

1957 *LA DRAVE*

Comme Abraham — Attends-moi ti-gars — La drave — La chanson du pharmacien — Prière bohémienne — Le roi et le laboureur — Un petit soulier rose — J'ai deux montagnes — La chanson de Pierrot (Raymond Devos) — Le Québecquois — Dialogue d'amoureux+ — Le roi viendra demain (d'après Tagore) — Chanson des colons — Les perdrix — Ce matin-là — Sensation (Rimbaud). +Avec la voix de Lucienne Vernay. Philips 844 712.

1960 *L'HERITAGE*

L'héritage — Tirelou — Tour de reins —
L'abeille — L'agité — Sur le bouleau —
Je cherche un abri pour l'hiver+ — L'imbé-
cile — Litanies du petit homme — La chan-
son du vieux polisson — Les dimanches —
Si tu crois — Les cinq millionnaires — Le
Testament (Villon) — Mouillures — L'eau
de l'hiver. Ensembles Yohanan Zarai, Roger
Damin, Michel Legrand.+ Avec la voix de
Lucienne Vernay. Philips 844 713.

1962 *LE ROI HEUREUX*

Le roi heureux — Le loup — La gigue — Le
chant de la création (saint François d'Assise)
— Le bal — Elle pleure — Les soirs d'hiver — Perdu gagné — Ton visage (Paul de
Margerie - J.-P. Ferland) — Complot d'enfants — Notre sentier — Tu te lèveras tôt —
Au même clou — Mac Pherson — La fille
de l'île+. Accompagnement Michel Legrand.
+Avec Lucienne Vernay. Philips 844 714.

1964 *LE JOUR QUI S'APPELLE AUJOUR-
D'HUI*

Le jour qui s'appelle aujourd'hui — Y'a des
amours — Chanson en russe — La fête —
La vie, l'amour, la mort — Les nouveau-nés
— Le roi chasseur+ — Valse à Joseph —
+Douleur — Les soupirs — Premier amour
— Les algues — Le traversier+ — Sur la

corde à linge. Accompagnement Pierre Brabant. +Avec les voix de Monique Miville-Deschênes et Geneviève Mauffette et le chœur « V'là l'bon vent » dir. François Provencher, Philips 844 715.

1966 *MES LONGS VOYAGES*

Ailleurs — Bon voyage dans la lune — Nuage noir — Noces d'or (J.-P. Ferland) — En muet — Mes longs voyages — Oh ! mon maître — Qu'ont vu tes yeux — Manic 5 — Chanson de nuit — Le bonhomme et la jeune fille. — Dieu qui dort. Accompagnement Pierre Brabant. Philips 844 716.

1968 *LA VIE*

La Gaspésie — Passage de l'outarde — L'écharpe (Maurice Fanon) — Une valse — Les moutons sur la rivière — La vie — Errances — Do ré mi — Blues pour Pinky — Variations sur le verbe donner — Tzigane. Direction musicale Bernard Gérard. Philips 844 717.

TABLE CHRONOLOGIQUE DES CHANSONS [1]

1934 *Notre sentier*
1937 *Sur le bouleau*
1940 *Un petit soulier rose*
1943 *Le Québecquois*
1944 *Le Traversier*
      J'ai deux montagnes
      Contumace
1945 *Les Nouveau-nés*
      La Gigue
1946 *Bozo*
      La Complainte du pêcheur
      Demain si la mer
      Chanson de nuit
      Le Bal
      La Chanson du vieux polisson
      Mouillures
      Elle n'est pas jolie
      Le Train du Nord
1947 *Petit Pierre*
      Le P'tit Pont défendu
      Francis
      Echo
1948 *Moi, mes souliers*
      Présence

---

1. D'après la chronologie de Jean-Claude Le Pennec.

Le P'tit Bonheur
Mac Pherson
1949　*Le Roi heureux*
La Mer n'est pas la mer
L'Hymne au printemps
La Danse la moins jolie
1950　*La Fille de l'île*
Complot d'enfants
1952　*Les Dimanches*
1953　*L'Abeille*
Lettre de mon frère
1954　*L'Agité*
Comme Abraham
Dialogue d'amoureux
Chanson du pharmacien
Le Petit Ours
La Drave
1955　*Prière bohémienne*
Ce matin-là
Blues pour Pinky
Les Perdrix
1956　*Au même clou*
Attends-moi ti-gars
Le Roi et le laboureur
Chanson du retraité
Les Soirs d'hiver
1957　*Tirelou*
L'Héritage
Chanson des colons
Le Roi viendra demain
Elle pleure
O, mon maître

AUTRES CHANSONS

TABLE DES MATIÈRES

IV. LES QUATRE ÉLÉMENTS

V. LA PARENTÉ TZIGANE

VI. LA TRADITION DE L'HUMOUR

*Achevé d'imprimer sur les presses des Éditions Fides,
à Montréal, le vingt-troisième jour du mois de janvier
de l'an mil neuf cent soixante-dix.*

Dépôt légal — 1er trimestre 1970
Bibliothèque nationale du Québec